大原千鶴の京都きもの暮らし

大原千鶴

世界文化社

御所のまわりに碁盤の目のごとく
作られた京の東には、
千年の都とともにある川
鴨川がゆったりと流れていきます。
陽の光を川越しに浴び、
四季を感じられる喜び。
あたりまえの毎日が
続けられることに感謝して。
〝丸《まる》竹《たけ》夷《えびす》二《に》押《おし》御池《おいけ》
姉《あね》三《さん》六角《ろっかく》蛸《たこ》錦《にしき》……〟
手まり唄を口ずさみながら、のんびりと
散歩するのも、また楽し。

春は桜。
鯛やらたけのこやら。
蒸し暑い京の夏は
鱧で元気を戴きます。
錦秋の山を眺めつつ
秋の実りに感謝して、

底冷えの冬は
ほかほかの蒸しずしで温まります。
季節とともに、美味しいものがあるように
きものにも旬がある。
いま着たいもの、気持ちいいものを
探りながらのきもの暮らしです。

目次

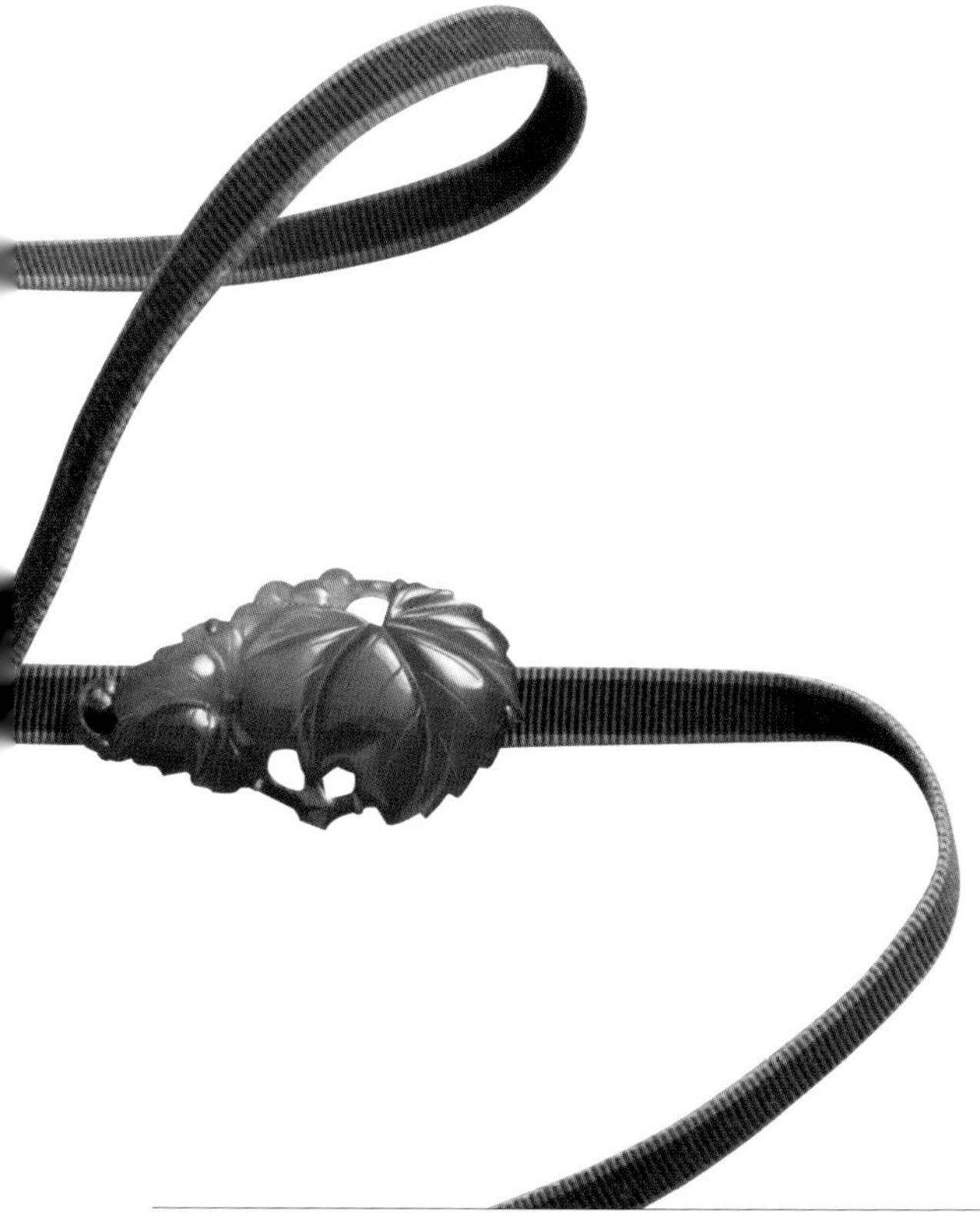

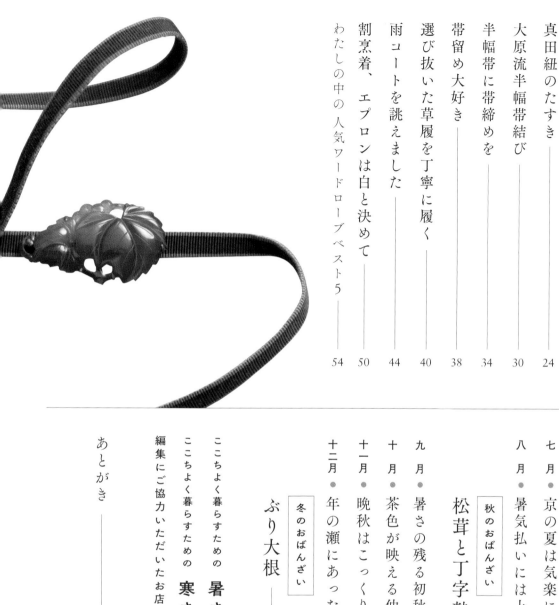

Life with Kimono.

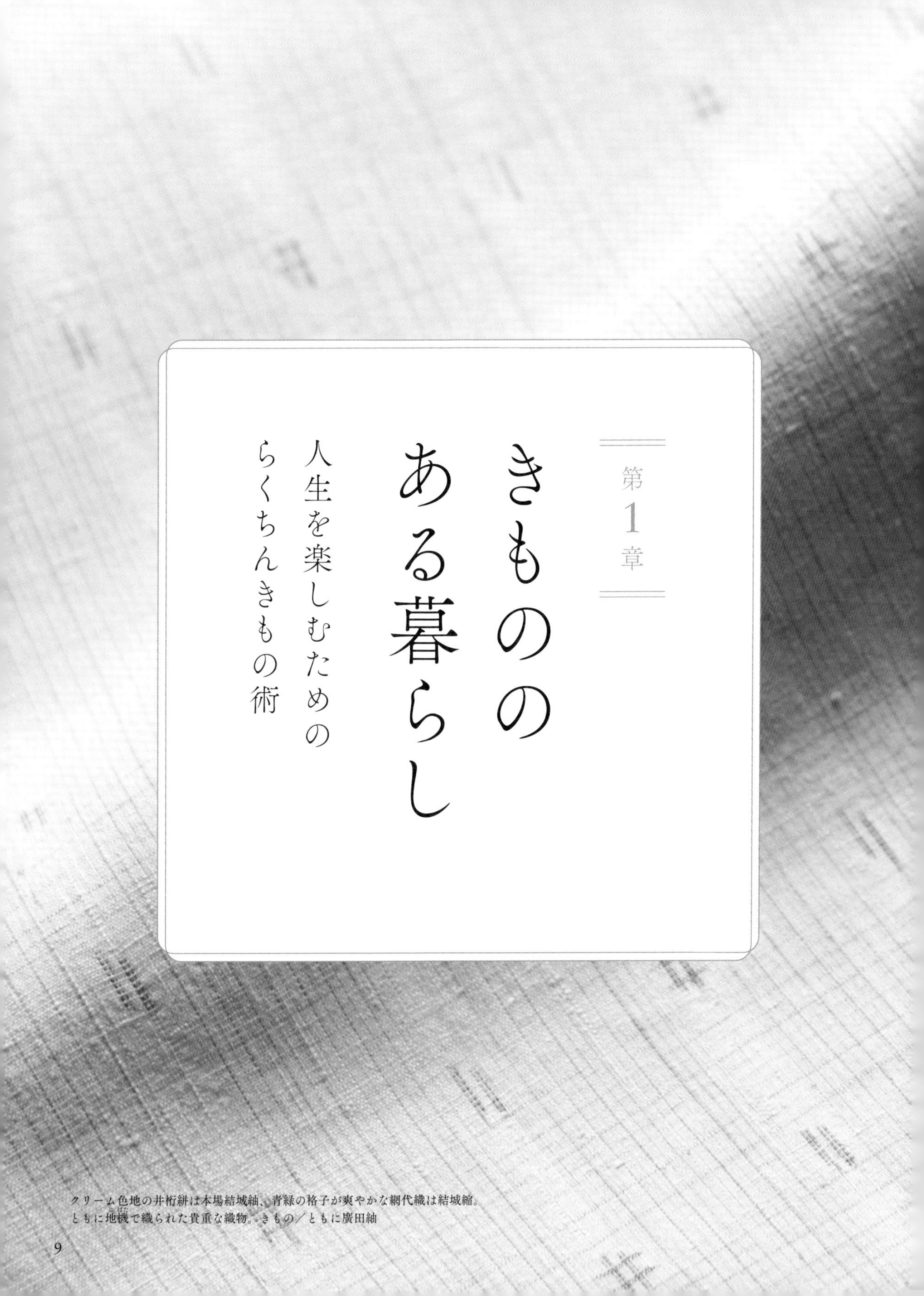

第1章

きもののある暮らし

人生を楽しむためのらくちんきもの術

クリーム色地の井桁絣は本場結城紬、青緑の格子が爽やかな網代織は結城縮。
ともに地機《じばた》で織られた貴重な織物。きもの／ともに廣田紬

きものを着たからって、無理して気張ることはありません。
気に入ったものに囲まれて、
うふふと思いながら楽しく過ごしましょうよ。
私のいつものワードローブは
実家で手伝いをしていた18歳の頃から、
紬に半幅帯、そして帯締めのスタイル。
ウン十年と続けて年季が入っています。
半幅帯のおかげで動きやすいし、
きものの楽しさが格段広がるのです。
手間がかかるうえ、きれいに納まりにくい帯揚げがないと、
これがすっきり見えるのですね。
袋帯を結ぶ機会は、
式典などで訪問着を着るときぐらい。
きものを着る人も見る人も、おおらかでいいんじゃない。

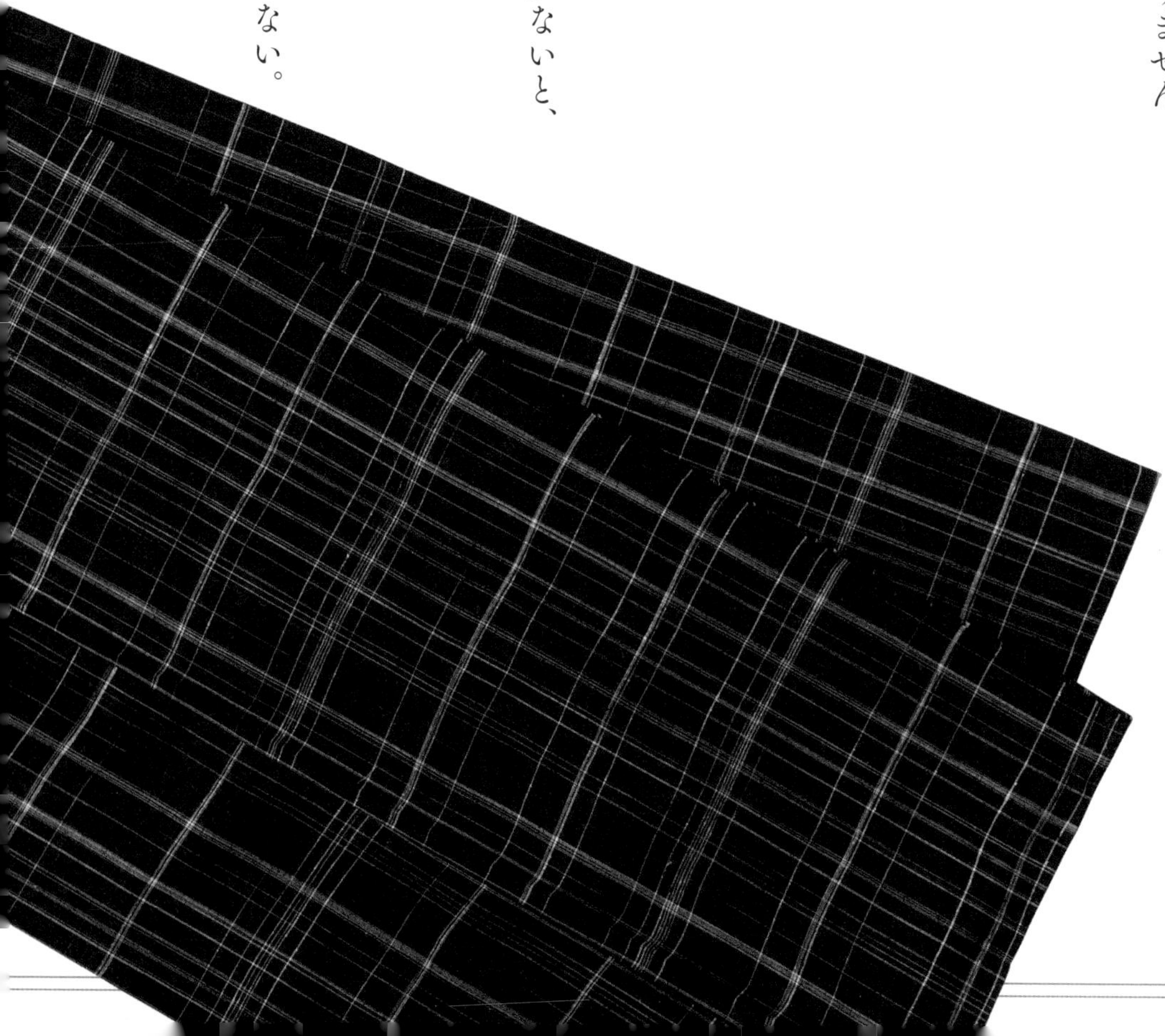

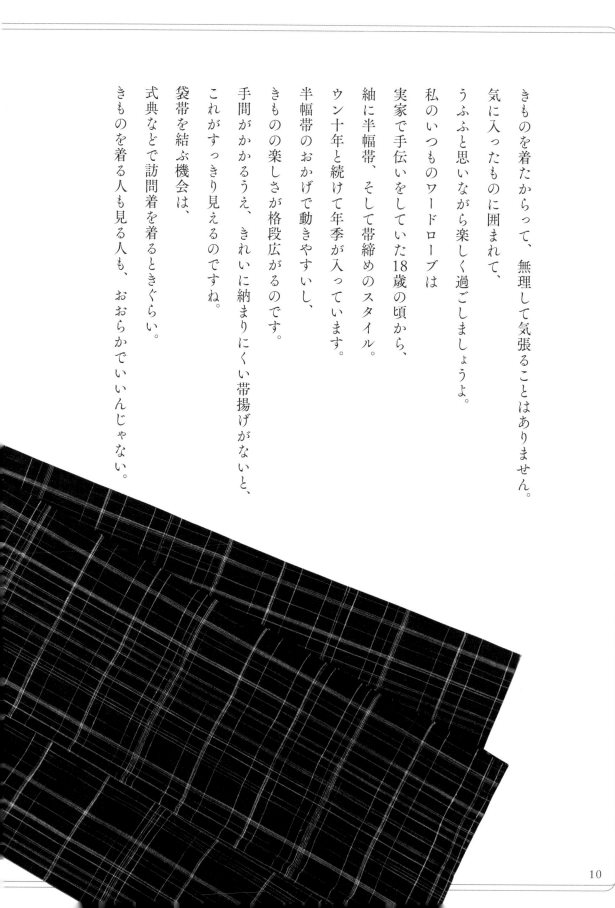

キリッとする藍色地にアトランダムな線で格子が織り出されています。細かい柄より、大きな格子は快活な印象になります。博多帯を合わせて明るく。半幅帯を使うと、お太鼓で背中を覆わない分、涼しく暑さ対策にもなります。

scene 1

TPOはわきまえるけど、〝べき論〟は捨てる

「堅苦しくなくて、改まった印象のきものを」

構え過ぎずに、きちんと感のある波柄の小紋は、同窓会や女子会にも活躍してくれます。取り合わせた帯は、父が用意した吉岡幸雄作の天平菱文染め帯と鼈甲の帯留めです。帯はお太鼓柄がきれいに繋がるので、気持ちよく締められます。何十年たっても使える良いものをプレゼントしてくれました。

年を重ねると、洋服よりきものなのかなと感じています。洋服は2年もすると、似合わなくなったり、気分が変わって着なくなってしまうのですが、きものは思い出とともに何十年も着られます。こうでないと、という決めつけより、素敵な思い出や気持ちいい感覚をたよりに装うことが大切では。

20歳のときに母が誂えてくれた波柄小紋は、若い頃、実家（美山荘）での茶事の手伝いで着ていたものですが、この小紋を着るたびに、そのときの改まった気持ちを思い出します。子供たちが成長してからの式典では、訪問着に代わり、かしこまり過ぎないこのきものが出番となりました。

仕事着では、お正月に着る本場結城紬が特別です。細い真綿糸の持つ軽やかさとしっくり馴染む織りのよさにときめきます。

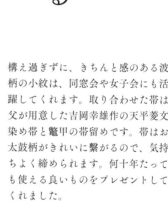

「結城紬は織物でも別格。
特別な気分にさせてくれます」

普段の仕事には紬や御召に半幅帯スタイルです。新年にお客さまを迎えたりするときは、特別に本場結城紬を仕事着として装います。友人からプレゼントされたこの結城は、軽くて体に沿いとても上質。着心地が違います。一日中、いい気分で過ごせます。半幅帯は貝ノ口結びを変形させた、“大原結び”で大きく華やかに結びます。

scene
2

いただきものの悉皆《しっかい》のすすめ

きもの暮らしを続けて思う不思議の一つ、なぜかきものや帯が集まってくるんです。思い出とともにある衣ですからね。処分することだって、できないです。思えば作り手や呉服店などで扱っているきものが、販売済みになることを、「お嫁にいく」と言うそう。そんな言葉を耳にしたことはありませんか。思い入れがあるから、出てくる言葉なのでしょうか。

きものは価値を考えると決して高くないとはいっても、本当に思い切って求めるものです。ですから時間がたって着ないものや親たちの遺したものを大事に着てくれる人に差し上げたいと思うのですね。私のもとにも、素敵なものが集まってきます。きものはサイズの合わないものは、自分の寸法に仕立て直しして、気持ちよく着ます。名古屋帯は半幅帯に直したり、植物繊維の八寸などは、そのまま折って使わせていただいてます。

上は名古屋帯を折って半幅帯として使用しています。中は華やかな模様のいただいた自然布の帯を半幅帯に。無地感覚のきものとよく合います。下も名古屋帯から仕立て直しした帯。品よく仕上げたいときに重宝します。

Ideas to enjoy Kimono.

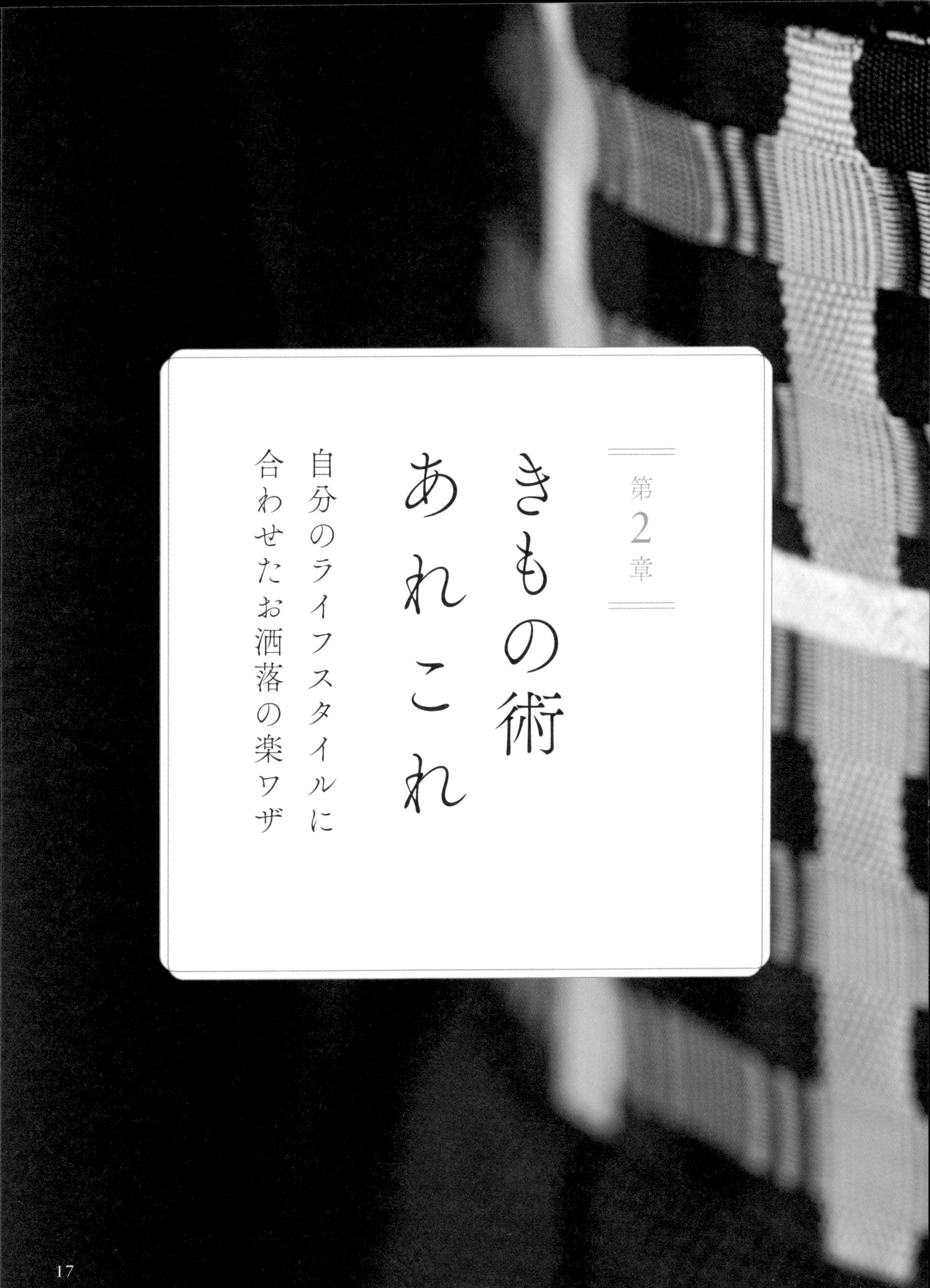

第2章

きもの術あれこれ

自分のライフスタイルに合わせたお洒落の楽ワザ

人に似合う色、柄は十人十色。
同じようにきもの術も、着る人のライフスタイルや
職業や年齢、お付き合いする人々などによって
変わってくるのではないかしら。
欲張りかもしれませんが、
丁寧に仕事をしようと思うと、
時間がいくらあっても足りないのです。
でも、お洒落もしたい。
そんな欲望のもと、私なりのワザを見つけてきました。
皆さんのお役に立つとよいのですが……。

小ぶりの雲と葉っぱ銀製帯留めは、岸本華枝作（Atelier華e）。清々しい色目の帯締めはeiziya ZOUのオリジナルです。上質の絹糸で組んでいるので、とてもしまりが良いです。帯締め・帯留め／ともにeiziya ZOU

idea 1

うそつき袖をきものに

柔らかな色の織りのきものに色調を合わせて、花模様で優しい色目の「うそつき袖」を選びました。落ち着いたピンク系の半幅帯を合わせています。

「うそつき袖」は、振り（写真右）と袖口（同左）からちらりと見えるだけですが、きものならではの、さりげないお洒落なのです。素敵な布がときおり見えたら、自分でもワクワクしてきませんか。選んだ花模様の布はたっぷりあったので、この袖には、全体につけています。透けるきものにも袖全体につけます。

訪問着などのフォーマル以外は、手持ちのほとんどのきものに「うそつき袖」をつけています。袖口と振りからのぞく長襦袢の色柄がきものごとに異なるので、皆さんから、長襦袢を何枚も持っているように思われるのですが、実は長襦袢を着ていません。表から長襦袢を着ているように見える「うそつき袖」は、きものの袖裏の胴裏生地部分に、表には針が通らないようにしながら、袖口と振りから見える部分だけに布を直接縫いつけます。うそつき襦袢に袖をセットするのが一般的ですが、そもそも発想が違います。イメージをふくらませながら布を選び、気軽にコーディネートを楽しんでいます。布が余分にあるときには、袖全体に布を縫いつけます。器用な方は自分でも縫いつけられますが、私は行きつけのお店、着物 だいやすさんにお願いしています。

コーディネートはいつも興奮気味。端切れをたくさん見せてもらい選んでいます。「うそつき袖」加工代は、布地を除き7700円〜。布の持ち込みもできるそうですので、お店に相談してみてください。

上◇着物 だいやすさんの引き出しにはさまざまな端切れがぎっしり詰まっていて、目移りしそう。下◇わずかなスペースなので、ときには大胆な色柄を選ぶこともあります。

袂の中のお洒落

焦げ茶の紬には臙脂《えんじ》で少しパンチを利かせて

秋から冬に活躍する真綿紬には、温かみのある赤系の花柄を選びました。袖口と振りからのぞく、臙脂地に草花柄が秋の深まりを感じさせてくれます。

白大島には優しい色目の飛び柄を

白地にグリーンと黄色の格子柄が爽やかな白大島は、お気に入りの一枚です。淡いピンク系に柄を染めた「うそつき袖」で、上品な印象にまとめました。

きちっとした御召に
花柄で遊び感覚をプラス

白地に幾何学文様の御召は改まった印象です。お洒落感覚をプラスしたくて、古典的な花柄の染め物を合わせて。少しだけ甘さを添えると、華やかな雰囲気が生まれます。

藍色の紬には同系色の
格子柄でシャープに

深い藍色が美しい紬には、細かな格子柄の水色の布を合わせました。濃淡で合わせた洋服感覚のコーディネートが新鮮でした。本当はもっと見せたくなる楽しさです。

idea 2

真田紐のたすき

真田紐は、茶道具を入れた桐箱を結ぶ平たい紐として知られていますね。昔は武具にも使ったとか。素材は綿と絹があります。京都には組紐専門店があって、多彩な紐を見ているだけでもワクワクします。和装では帯留め用の三分紐を帯締めとして使いますが、私はたすきとして、長年使っています。その魅力は、幅2センチ足らずの扱いやすさと色。雑誌の撮影、テレビ番組の収録など、きものを着て料理するときは、どんなときでもたすき掛け。袂が作業の邪魔にならないようにするためです。以前は、腰紐のような幅広のたすきを使っていたのですが、安定感はいいものの、袂が窮屈になってしまって……。

仕事着として着るときでも、袂はふわっとさせたい。キッチンに立ってもどこかエレガントに見せたいのです。そんな訳で今や、真田紐をきものや帯に合わせ、お洒落しています。

たすきの掛け方

↓

↓

◆ たすきは結んでから掛けます

①・②たすき掛けをする前に、両端を帯締めと同じ本結びにします。たすきに慣れていなくても、これだけで紐の扱いがとても楽に。③輪になった真田紐を中央でねじり、8の字にして両手で持ちます。④紐の中央をかぶるようにして背中に回し、⑤左右の輪で両袖を押さえてできあがり。これだけで腕が動かしやすくなり、作業がはかどります。窮屈でなく体に優しいゆったりしたスタイルになります。真田紐の長さは2mを目安に用意しましょう。

藍の格子のきものには紺の真田紐ですっきりとメリハリを利かせて。細かい格子の紬にミンサー織半幅帯で、爽やかなコーディネートにまとめています。お気に入りの春のスタイルの一つです。

真田紐コーデ

微塵《みじん》格子のきものには
濃い色の紐で、メリハリを

淡いグリーンの夏きものは、細かい格子で涼やか。この優しい色目に帯の柄のパンチが利いています。きものの色に使われているグリーン系の紐を選び、爽やかさを演出して。

生成り色の芭蕉布に
同系色の紐でナチュラルに

芭蕉布にミンサー織の半幅帯を合わせて南国風のテイストの取り合わせ。全体がベージュからグリーン系なので、真田紐も淡いカーキ色でトーンを合わせ、しっとりとまとめて。

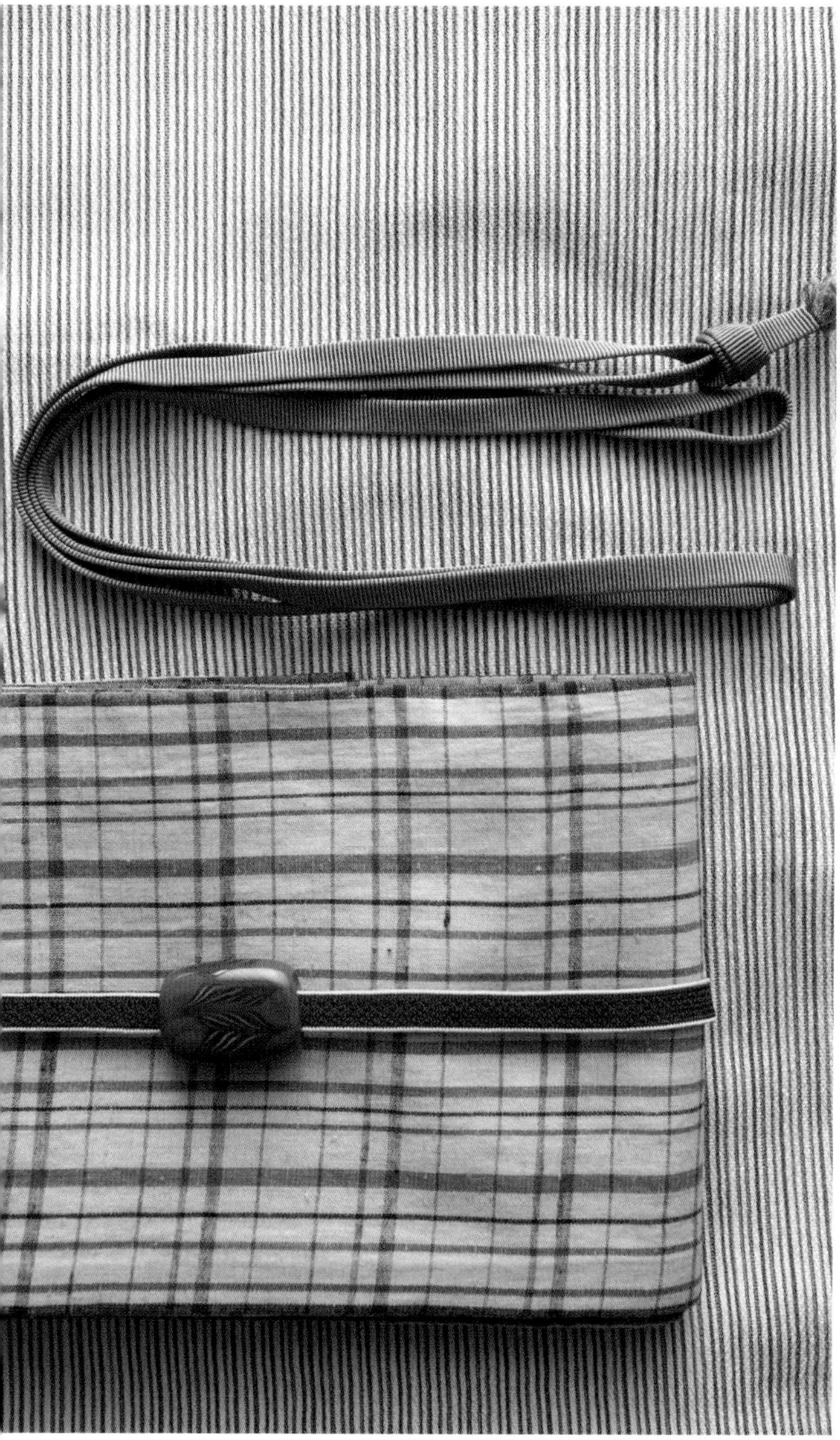

ニュアンスのある縞柄には紫の真田紐でしなやかに

秋色で織られた細い縦縞のきものに、格子の帯とカーキの帯留めを合わせたカジュアルな装いです。きものの1色をとったグレーがかった紫の真田紐で、全体をふわっと柔らかな雰囲気にまとめ上げています。

自然布の色、茶色にまとめてシックに

伝統的な沖縄の文様を織り出した琉球絣に科《しな》布《ぬの》（またはしなふ）の無地半幅帯は、きもの好きに人気の夏の衣らしい取り合わせです。同系色の茶の真田紐を合わせると、落ち着いた印象に仕上がります。

京都の寺町六角にある伊藤組紐店は、たくさんの真田紐の中からお気に入りを探せるお店です。お話を伺うと、「お客さまがいろいろと使い道を教えてくださいます」と店主の伊藤正文さん。

「真田紐のたすき掛けはちょっと優雅に見せるのです」

上／美しい帯留め用の三分紐です。縞もあり、少しずつ色の違いがあって、これというものを探しやすい。いわば色の見本帖のように拝見します。こちらの紐から好みの色を選んで、たすき用に使い勝手のよい約1.8㎝幅のものを、約2m購入します。下／伊藤組紐店に並ぶ、切り売り用の真田紐。紐の幅や色が豊富に揃っていて、迷います。帯締めとして使っても楽しそう。見ていて飽きません。

idea 3

大原流 半幅帯結び

買い物ももちろんいつもの半幅帯スタイルで出かければ、このままアトリエに戻って、すぐに仕事に取り掛かれます。お太鼓をしょっていない分、素早く動けます。ご近所の京野菜 八百廣さんにて。

仕事着としてきものを着るときは、私はいつも織りのきものに半幅帯で通しています。結び方は貝ノ口の変形結びが定番のスタイル。一般には矢の字とか、吉弥結びとも呼ばれています。その際、体の線をどうしたらカバーできるか、ちょっとした工夫をしています。それは貝ノ口にたれを付けること、後ろの結び目を締めすぎないことです。博多帯できりりと結んだ貝ノ口とは、また違った別のスタイルと考えてください。大きく結ぶことで、華やかさとともにヒップカバーになるのです。

この結びには、帯締めを使います。お洒落であると同時に、締めつけない分、結びを安定させるためには、帯締めは欠かせないのです。また前から見たときに、従来の半幅帯とは違う、よそゆき感が備わると考えているのです。

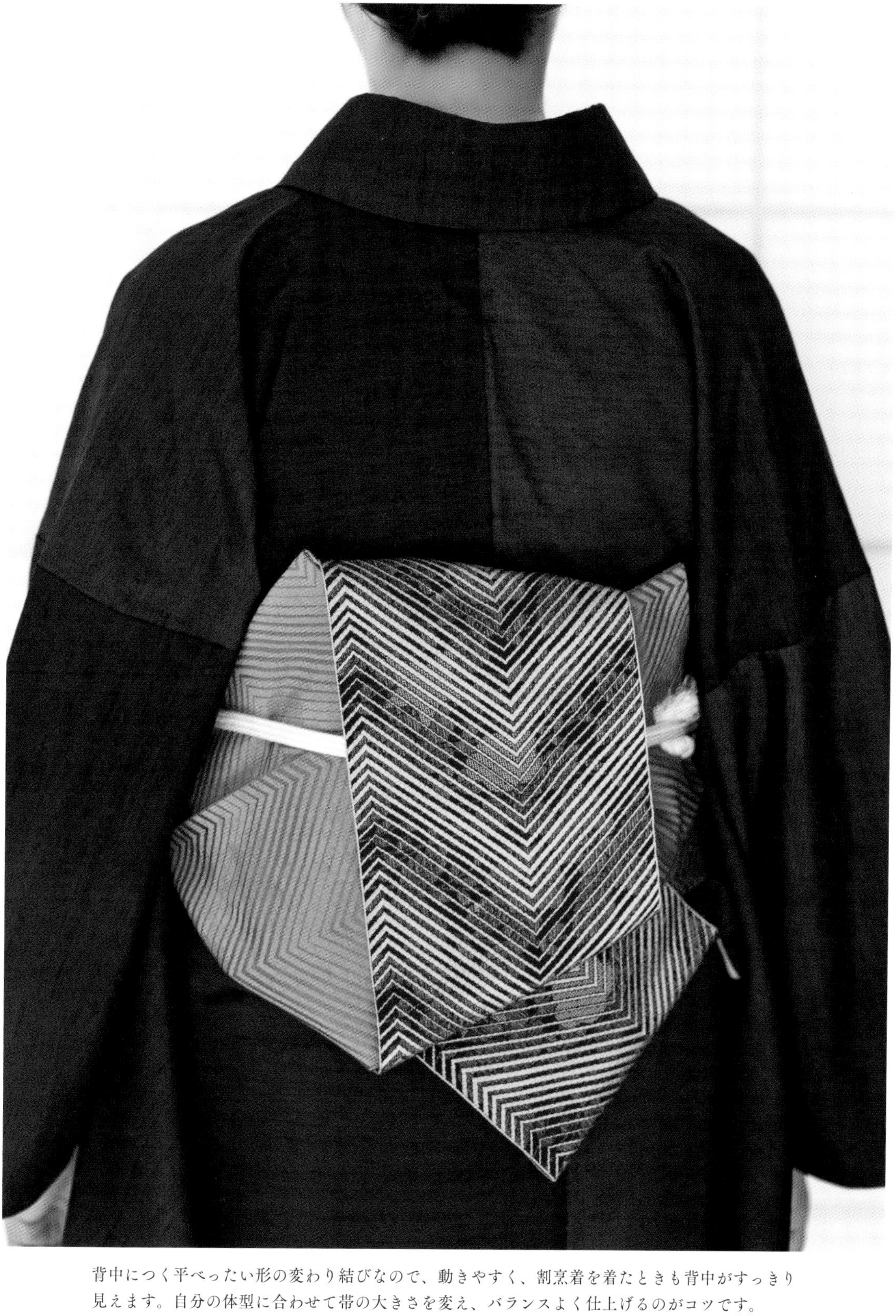

背中につく平べったい形の変わり結びなので、動きやすく、割烹着を着たときも背中がすっきり見えます。自分の体型に合わせて帯の大きさを変え、バランスよく仕上げるのがコツです。

大原結びの結び方

［手順］

ゴム紐付きの帯板をつけます。帯板が前、ゴム紐の留め金具は後ろになるように。

↓

ては約50cmとり、帯を胴に2巻きして、体の中央でたれを上にして結びます。たれは長くても可。

↓

てを結び目からきれいに広げ、裏を出して、斜め上に折り上げます。

たれも同じように結び目からきれいに広げ、てにたれをかぶせます。

↓

そのままてにたれを巻き付けて結び、右側からてと同じぐらいの長さに引きます。

↓

残りのたれを内側にたたみます。帯により異なるたれの長さはここで調整します。

［完成］

帯締めを締めることで、改まった感じに見えるので、名古屋帯と印象はほとんど変わりません。

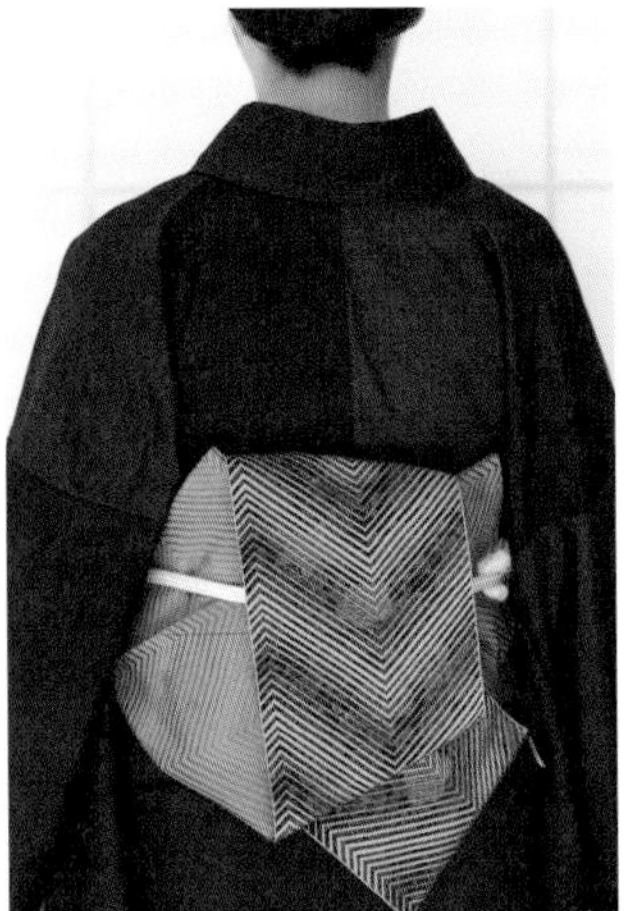

てとたれの長さをたっぷりとった結びは、適度なボリューム感があるので、華やかな仕上がりに。

たたんだたれは、外から見えないように結んだ帯の裏に入れます。

↓

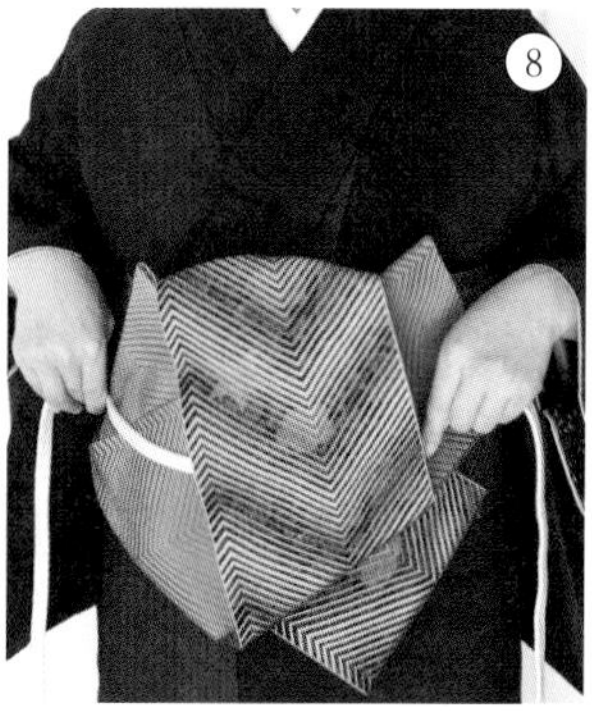

たれの長さを確認したら、てとたれを押さえるようにして、帯締めを当てます。

帯締めはそのまま後ろに回し、仮結びをしておきます。

↓

帯板

左手で帯板を押え、右手で結んだ帯を右回りに真後ろへ回し、帯締めを結び直します。

◆ 前帯の柄を見せたいときは

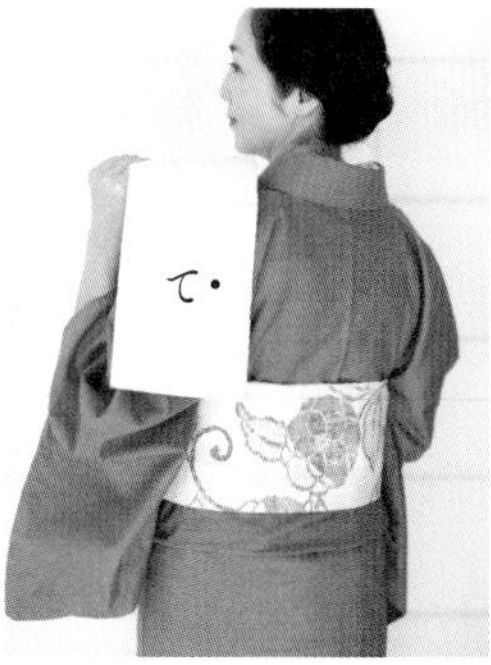

① 出したい柄を優先させて背中の中央に置き、巻きます。

↓

② ③〜⑦を参考に結びますが、てが余ることもあります。

↓

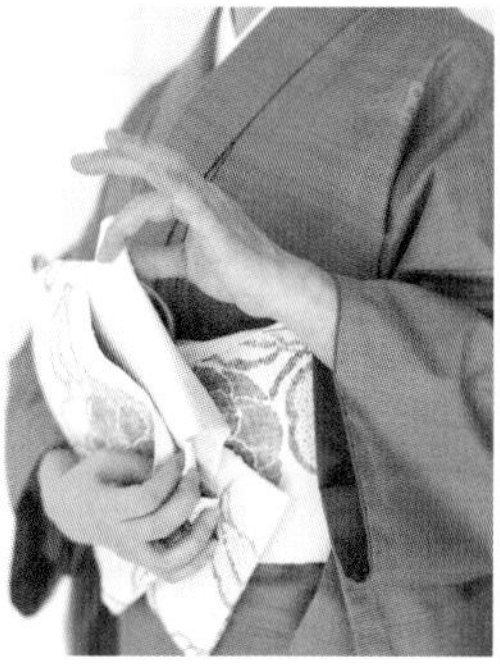

③ ての余りは内側に折り込んで、結んだ帯の裏に収めます。

→

④ 結んだ帯は通常と同じく回して整え、できあがりです。

idea 4

半幅帯に帯締めを

いただいた名古屋帯を仕立て直して半幅帯に。笹の彫金帯留めは山清堂さん。三分紐だけが新しい感じで浮いてしまわぬよう、雰囲気のあるブルーでさりげなく装います。

半幅帯は小物なしで締められるらくちん帯です。でも、そこに帯締めを加えれば、少しだけ改まった印象が演出でき、お洒落も楽しめて、重宝するのです。私流の変わり結びでは、安定させるためにも、必ず帯締めを用います。

半幅帯の帯締め選びで気を付けたいのは、紐の格と細さ（幅）です。佐賀錦などは細くともフォーマル向きなので、ここでは使いません。半幅帯用には、帯留めに合わせた平打ちの三分紐や細冠《ゆるぎ》組などのお洒落向きの三分や四分幅の細めの帯締めを選びましょう。

好みは四分紐を、普通の帯締めのように結びます。すっきりとした色目を選び、春には爽やかに装いたいですね。レースの帯締めは、涼しげに装いたい夏ならではのもの。三分紐の白であれば、真っ白ではなく、オフホワイト、白汚しといった色にニュアンスのあるタイプがいいですね。

越後上布に植物繊維の帯で盛夏の装いに。自然布の帯は名古屋帯ですが、半分に折り、半幅帯として使っています。大ぶりの鼈甲の帯留めに白の三分紐でよそゆき感を出しました。

半幅帯には細めの帯締めを使います。一般的には二分紐が6㎜、三分紐が9㎜、四分紐が11㎜です。単衣から盛夏向きの細い帯締めです。上から◇ピンクの細めは、夏向きのシャリッとした肌ざわり。ミントグリーンのお洒落な紐は、帯まわりを爽やかに見せたいときに重宝します。涼しげなレース紐。／すべて衿秀　オールシーズン使える臙脂の細冠組。／龍工房　帯留め用に開発されたブルーの四分紐も帯締めとして。／衿秀

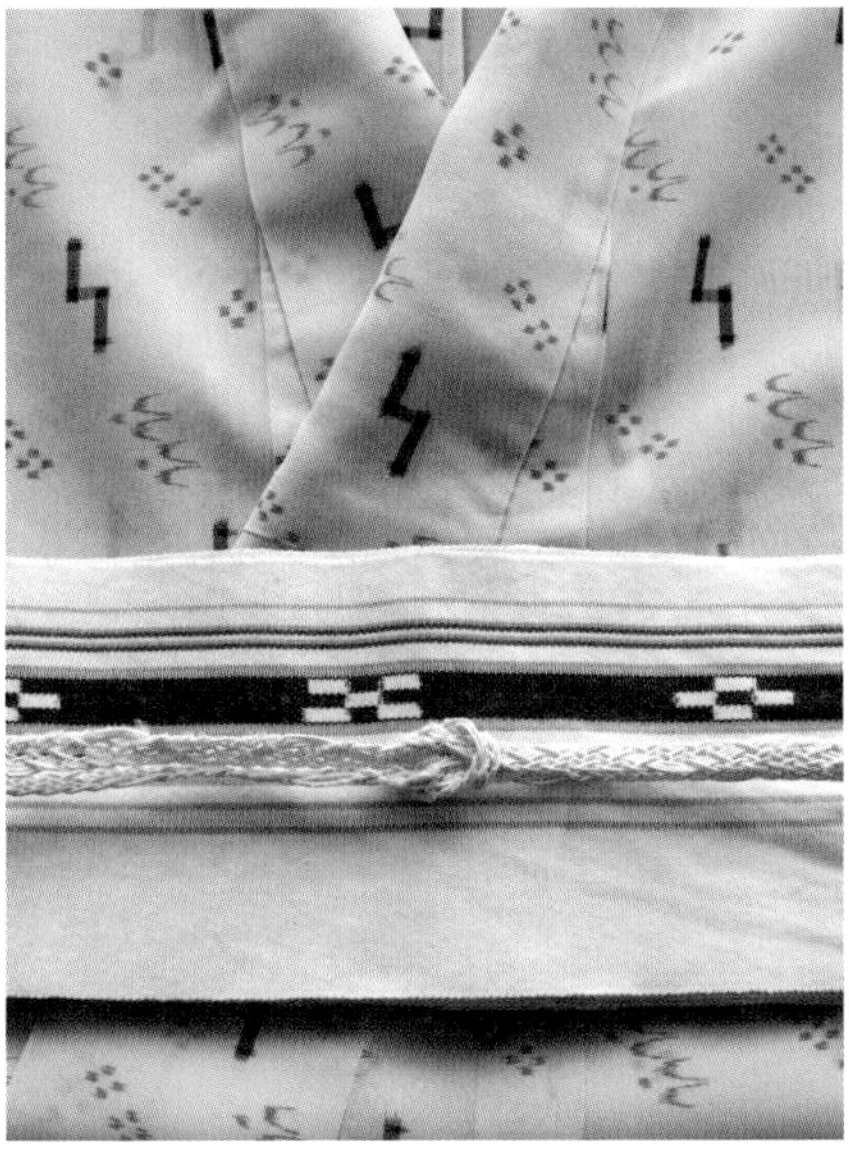

紺が使われたクールな琉球絣のきものには、生成りのミンサー織の半幅帯ですっきりと見せて。お気に入りの使い込んだレースの帯締めが、さらに涼やかな印象に仕上げてくれます。

「帯締めがあるだけで、不思議なのね、よそゆき感が生まれてくるのです」

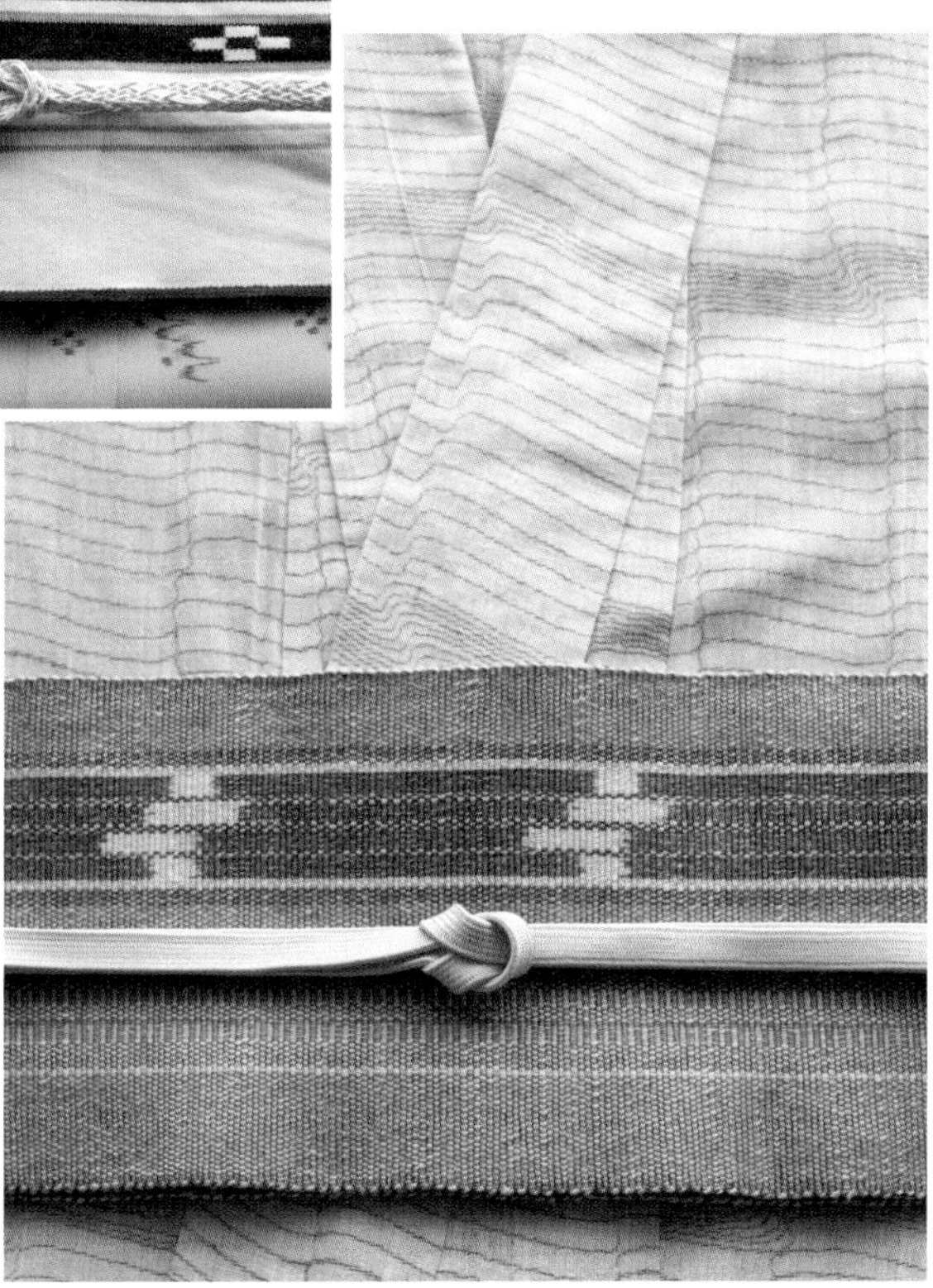

半幅帯に使う帯締めは太すぎないことが大切。帯留めとともに使う四分紐を、単独で帯締めとして活躍させています。母譲りの上布に昔のミンサー帯の取り合わせには、柔らかい色目でしっとりと。

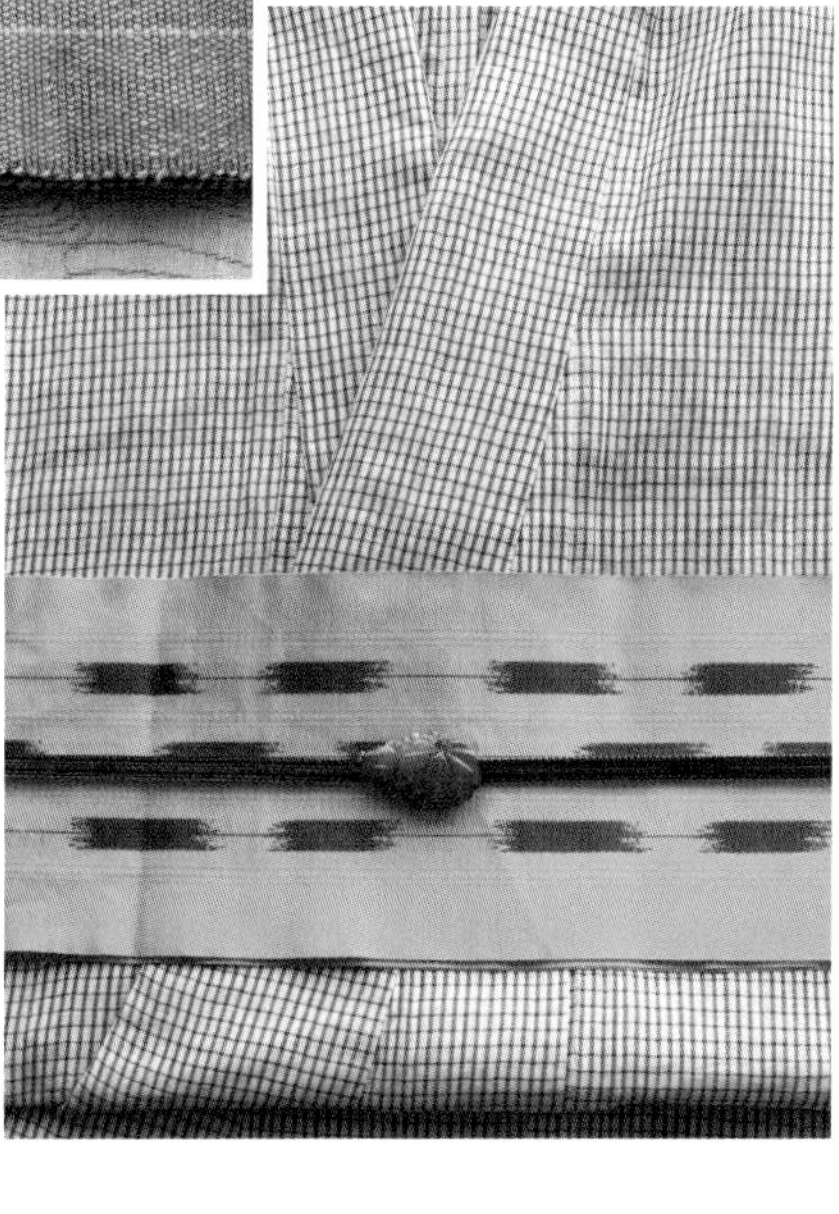

微塵《みじん》格子の小千谷縮に元気色の矢絣柄博多帯を合わせた、暑さを吹き飛ばすパワフルな組み合わせです。父からプレゼントされた瑪瑙《めのう》の帯留めに、三分紐を裏使いしています。

idea
5

帯留め大好き

パリのアンティークボタンに金具を付けていただき帯留めに。すべて貝でできています。直径は約3.5㎝。上から◇現代アートのような凸凹がある赤いボタンは、モダンな雰囲気にしたいときに。白の花模様なら優しい気分になります。三段の色違いのボタンは、インパクトを出したいときに使えそうです。好きなボタンでお洒落を楽しみましょう。ボタン／ボタンの店エクラン　半幅帯／イトノサキ（布きれ・やました作）

「帯留めには、ラグジュアリー感のあるボタンで」

間道の半幅帯と笹の帯留めはお気に入りのコーディネートで、時々登場します。主張しすぎず、しかしピリッと利きます。彫金の笹は山清堂さんからいただいたもので、大切に使っています。

皆さんはその方の印象をとらえるとき、まずは顔を見て、それから装いに目を向けるのかしら。帯留めもブローチや男性のネクタイのように、小さな面積しかありませんが、結構見られる存在。普段は細かい柄のきものを多く着ているので、ほぼ帯で個性を表します。もう一つ決め手が欲しいときに、帯留めが登場します。父から贈られた鼈甲や瑪瑙の帯留めや小ぶりで彫金の笹は、使い勝手がよく重宝しているのです。

あるとき近くのボタン屋さんで素敵なボタンを見つけました。パリのアンティークボタンだそうで、50～60年前のもの。お店で帯留め用の金具を付けてくれるというので、早速お願いしました。とにかく品ぞろえの多い中から選べてお財布にも優しいので、コレクションが増える予感がします。

ボタンの後ろに金具をつけたもの。紐を通す部分は、少しですが動くので、帯留めの角度を工夫できます。三分紐、四分紐が通るようになっています。細工／ボタンの店エクラン

idea 6

選び抜いた草履を丁寧に履く

たくさん歩いて疲れてしまうのは、履物によるところが大きいのではないでしょうか。足指の付け根が痛くなるのは言語道断ですが、足裏に引っ付いてこないと、とにかく歩くのがしんどくなります。これぞと思って購入しても、いつのまにか下駄箱の中で眠っているだけの存在になり果てていました。

あるとき思い切って、下駄箱の大掃除をしました。たまりにたまった草履や下駄を、きれいなものは友人にあげたり、断捨離をしたら、祇園ない藤さんの草履だけになりました。マットでオーソドックスな台と酒袋の台、そして雨草履。あとは普段に履く下駄だけです。これらの草履は年に1～2回、鼻緒を締めたり、踵《かかと》を替えてもらいます。ときには鼻緒を替えることもあります。お手入れもしてくれるので、なんと20年以上も愛用しています。

左から◇酒袋の台の草履は鼻緒を白系にして、よそゆきにも履きます。グレーの台はマット感が気に入り、フォーマルに。この蠟《ろう》引《び》きの台は使いやすく、小雨にも履いてしまいます。本格的な雨には色の可愛い雨草履を用います。

「たくさん歩いても疲れない
そんな草履がよい草履だと」

店内にディスプレイされた草履の色目は華やかで、はんなりしています。色からも京都らしさを感じさせてくれます。こちらの鼻緒は必ずちょぼに赤を使うのが特徴です。

祇園ない藤さんの数ある草履の中で、私のお気に入りは、並の船形台。前が少し上がっています。仕事柄、長い時間立っていることもありますし、結構移動もあるのです。すると足に合わない草履では、脱ぎたくなってしまい役に立ちません。私の草履は、たくさん歩いても疲れない。いくらでも歩ける草履なのです。

ご主人の内藤誠治さんによると、

「体がうまく草履にはまると、楽に歩ける。疲れないのは、大原さんは体幹がしっかりしていて、履きなれているからですね」とのお褒めの言葉をいただいてしまいました。でも履物がしっかり作られていてこそのこと。価格はお気軽に買える値段ではないかもしれません。でも大切に長く履いていくことを思えば、期待を裏切らない草履だと思うのです。

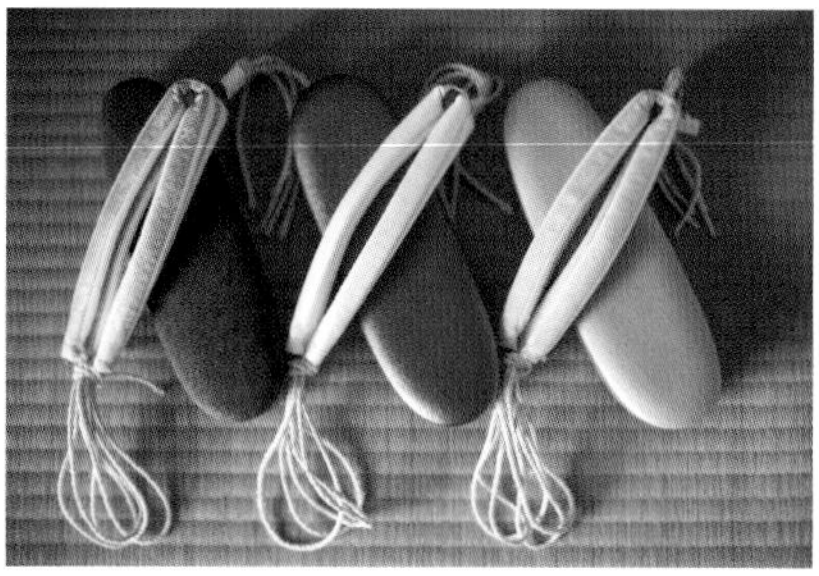

右の二足は好みの船形蠟引き台。蠟引きとは漆加工作業に似ていることからついた名称。左が酒袋台。それぞれに鼻緒を付けて。

上◇横から見るとよくわかりますが、船形は前が上がっていて、よく歩く方には歩きやすいタイプの台です。右◇内藤さんは鼻緒をすげるときには、鼻緒を叩いて、フィット感をアップさせます。老舗ならではの、頑固なまでのきめ細やかな仕事がファンを増やしているのです。

肌映りのよい薄茶の紬には、名古屋帯から仕立て直した半幅帯で。面白い柄だったので、半幅帯に直してもらいました。白いバッグと草履は祇園ない藤さんで。残念ながら、バッグはもう作っていないそうです。

idea 7

雨コートを誂えました

しっかり防水できて、すっきり見える雨コートは、前々から欲しかったアイテムです。一般には軽く撥水加工した雨コート専用の生地が販売されていますが、好みの反物でファッション性を大切にしたいとの思いがありました。またヘビーユーザーである花街の芸妓さんらは、紬地で誂えるという情報も入ってきました。昔からの定番は、大島紬や産地紬の浮き織の生地だそうですが、色、素材の感触、特徴を自分なりに確認してみました。

「コート地の候補には、色のきれいな紬や大島紬を見て」

上から◇きものの反物から。色目を織り分けた紬。ベージュ色の紬。／ともに京ごふく ゑり善 京都本店　軽い段替わりの大島紬／田園調布 秀や

最後まで迷った紬の2反。手前が雨コートに選んだ紬です。

「実際にはしっかりした産地紬を選びました」

雨の日のうっとうしい気分を晴らしてくれる色目は汚れそう。反対に濃い色目のものは軽やかさがありませんが、汚れや水ジミが目立たない安心感があります。悩んだ末、アースカラーの濃い色目の紬で、奥行きのある縞格子を選びました。

「第一印象は衿元で決まるそう」

雨コートの仕立ては、京ごふく ゑり善さんにご協力いただき、誂えました。すっきり見せる対丈《ついたけ》のワンピースタイプに仕上げるのですが、コートのタイプから決めていきます。道中着はきものコートとしてポピュラーですが、雨からきものを守るには、コートの裾がはだけにくいことが大切なので、前でしっかりスナップで留めるスタイルの道行の形で。さらに衿はたくさんのデザインから、柔らかく女性らしい敷島衿をイメージして、衿だけ別布を使うことも考えましたが、シャープな雰囲気の生地なので、直線的なデザインの道行衿に変更し、衿も共布でお願いしました。

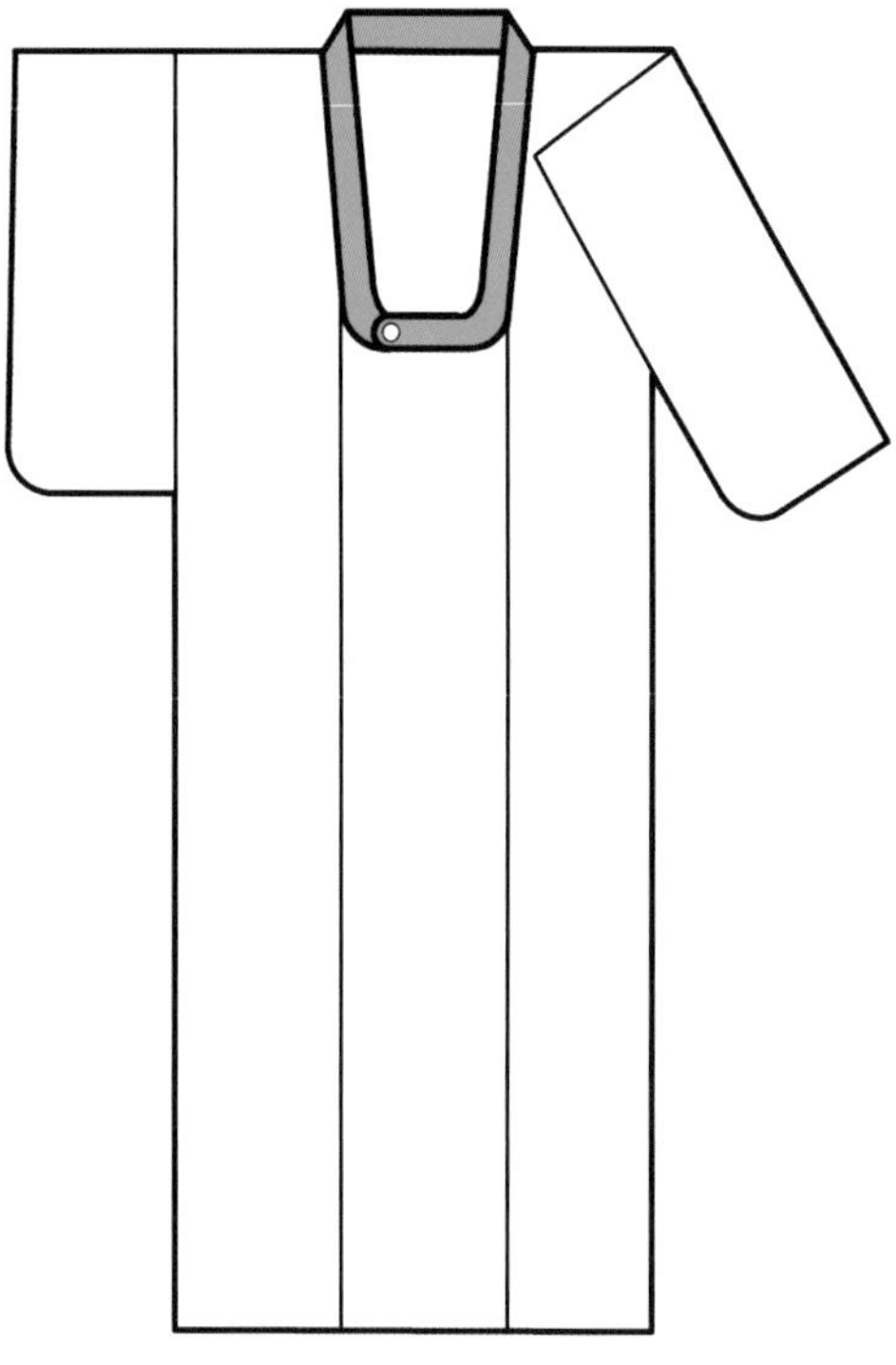

〈都衿〉

曲線で構成されるため、優美な印象に。落ち着いた雰囲気になるので、染めのコート地や、柔らかな色合いの小紋などの染めもの、しなやかな織物に合いそうです。

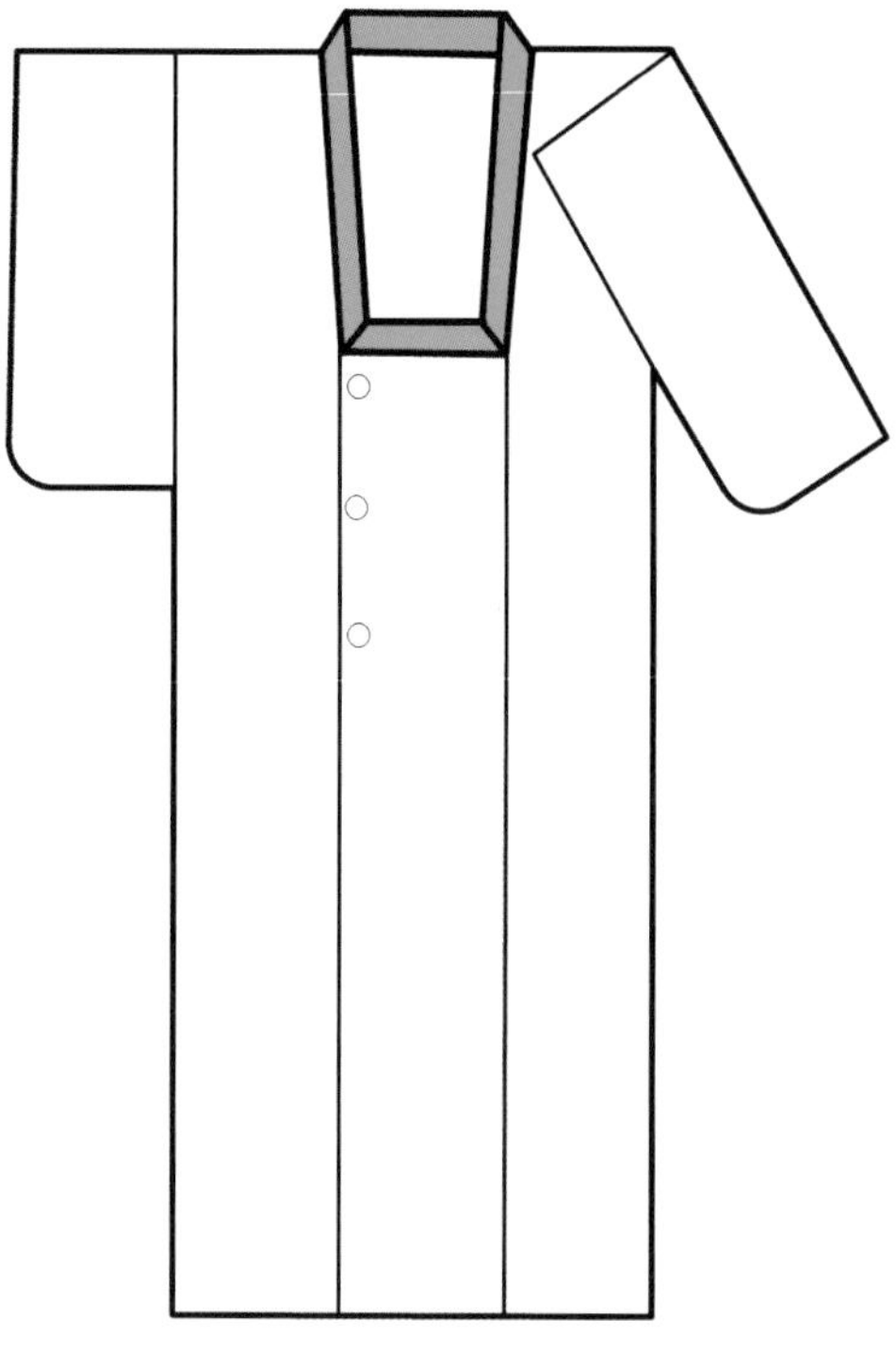

〈道行衿〉

フォーマルのコートとして知られる道行衿です。しなやかな染めの反物でよく用いられ、厚い生地向きではないようです。シャープな印象に仕上がるので、選びました。

さらにコートの印象を決める竪衿《たてえり》柄

コートの上前中央、衿の下から裾までの長方形部分を「竪衿」というそうです。今回初めて知りました。ここが一番目に付く部分なので、どんな色柄にするかを、確認することが大切だとか。選んだ多色使いの反物は、表情が豊かな生地なので、使う部分により、できあがりに違いが生まれます。濃い色を中心とした竪衿にすると、顔周りがすっきり見え、比較的薄い色の部分にすると、柔らかな印象に。今回は濃い色目を使います。

△

○

右◇実際に仮仕立てしたコート。竪衿を濃い部分にしてシャープにしています。左◇薄い色目の縞部分を使うと、衿元がソフトな印象に仕上がります。

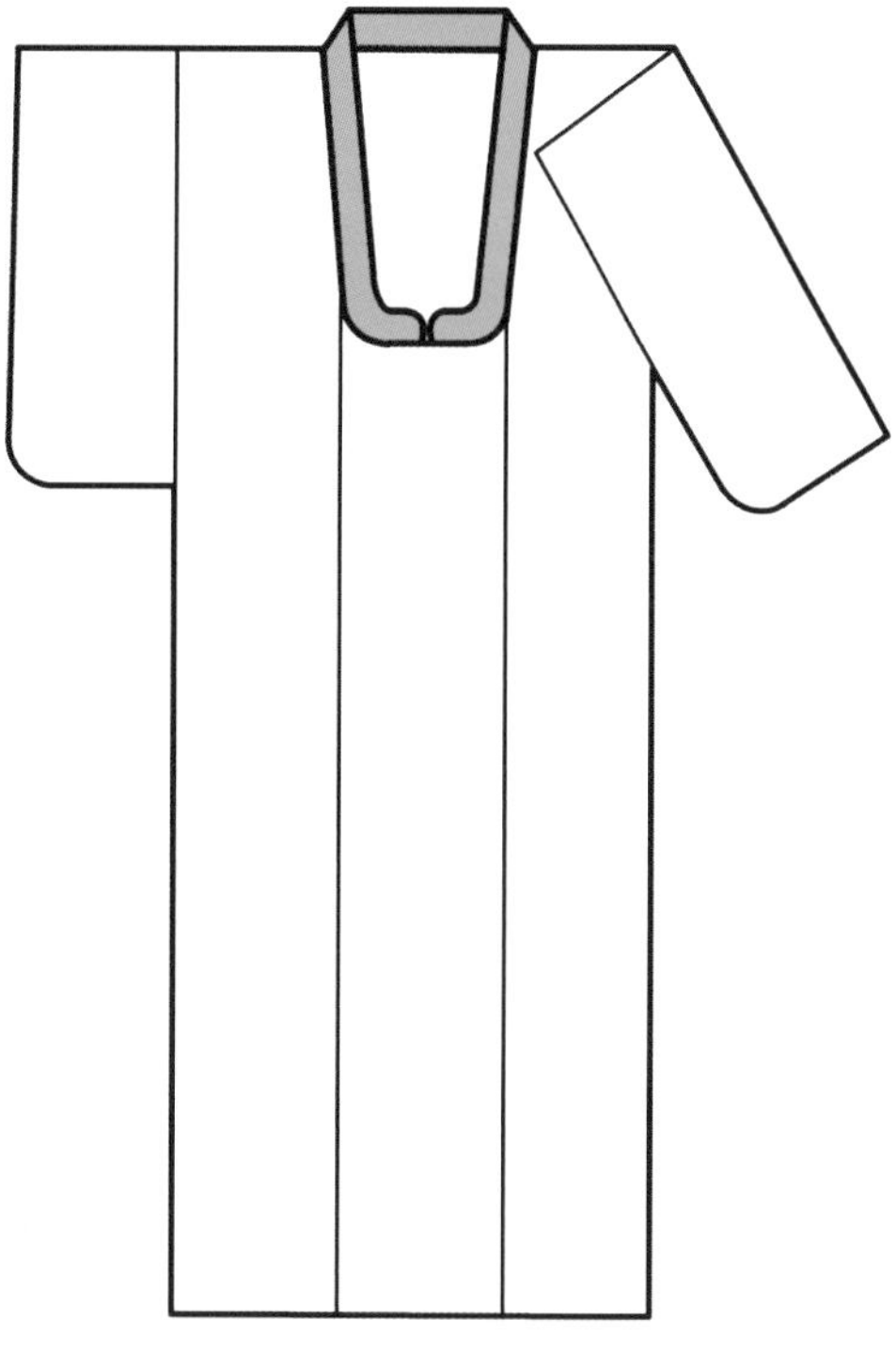

〈敷島衿《しきしま》〉

女性らしい柔らかなムードで、愛らしさも感じられます。最初にイメージした衿でしたが、選んだ反物がシャープな印象なので、途中で道行衿に変更しました。

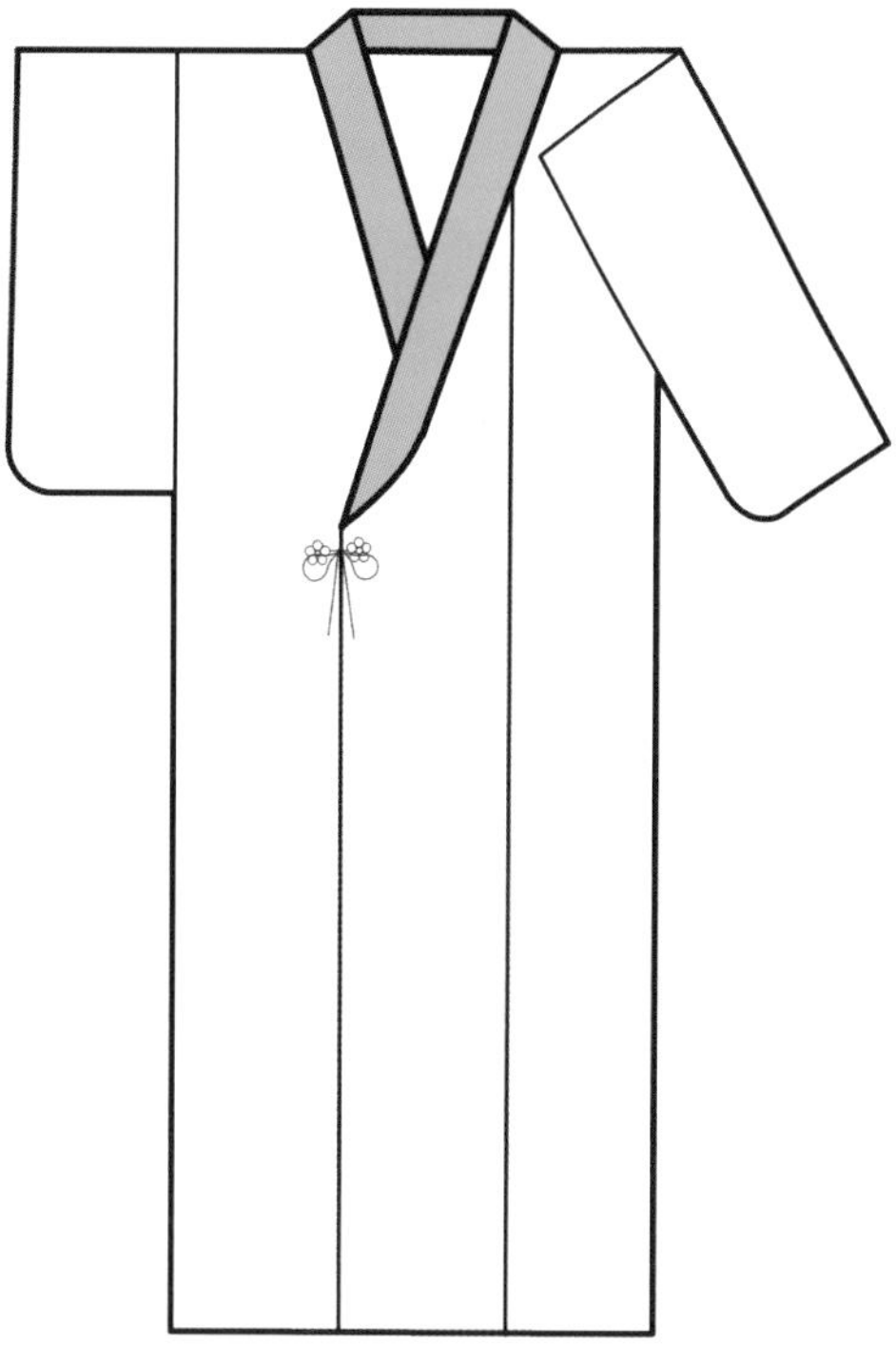

〈へちま衿〉

一般的なコートのほか、冬の防寒コートや雨コートに合う衿です。五分、七分といったコート丈によりイメージが変わるので、自分なりのお洒落を楽しむには最適のよう。

「仮縫いでフィット感を確認して」

【後ろ】

背縫いはまっすぐ、左右が片身替わりのようになっています。丈は雨草履を履いて後ろからも確認します。踵までのところを、好みで5分プラスして、少しだけ草履にかかるように変更します。

【前】

前から見ると、全体がずんぐりしています。衿は道行衿で、竪衿は予定通りの濃い部分を使っています。前幅、後ろ幅でゆるみを調整。袖幅はめいっぱい出して、3分プラスします。

求める雨コートは、もっさりしないで、体に沿うことを主眼に置きたかったので、時間と手間がかかりますが、仮縫いして丁寧に仕立てていきたいと考えました。対丈で着るために、特に注意したのは丈と身幅です。裾だけでなく、総仮縫いにするように職人さんにお願いしました。

きものを仕事着として着ることが多いので、帯は半幅帯が定番です。お太鼓を結ばない分、当然のことながら、背中に取るべきゆとりが普通の算出方法と異なります。さらに丈の好みがあるので、いつものようにきものを着た上に仮縫いコートを着て、雨草履も履いた状態で、衿の仕立て、身幅、裄、丈、紐の位置を確認しました。

【横】

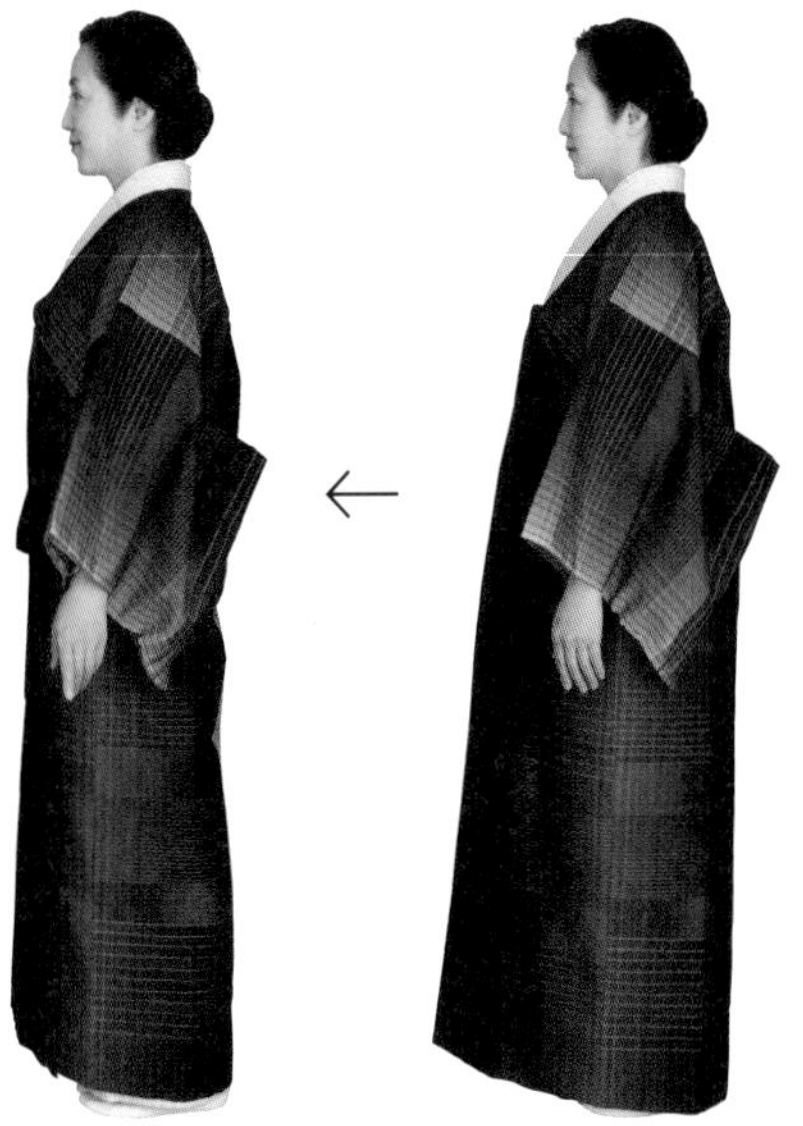

身幅については、写真右の調整前は、前にも横にもふくらんだ形です。写真左は待ち針で留めて身幅を調整したところ。できあがりは前2分、後ろ5分マイナスにします。

「こだわり満載のできあがり」

お洒落のポイントに飾りボタンを付けて。フランス製のガラス細工を思わせる深い色合いです。ボタン／ボタンの店エクラン

雨コートは中のきものを守ることが主眼。道行スタイルはスナップで衿元から上前をしっかり留め、風でコートがめくれるのを予防。

身八つ口は開けています。きものより少なめに開けて、きものに沿いやすくしています。動きやすく、通気性が高まります。

総仮縫いから1か月ほどして、こだわりの詰まった本仕立てができあがりました。衿元の飾りは飾り紐ではなく、大小のボタンに。上前は内側でスナップ留めと2か所を紐で結びます。仮縫いのときのだぶつきも

たるみも、寸法の調整のおかげで解消しました。裄は袖幅を出したので、きものの袖を雨からしっかり守ってくれそうです。きもの地からコートを誂えるときは、撥水加工をし、コートときものを守ります。

仮縫い時は角張っていた上前、下前の裾に丸みを付けて、優しい印象に。実用面でも丸みがあるほうが、汚れにくくなるようです。

撥水・防汚加工を施しました。パールトーン加工により、繊維一本一本に撥水効果が浸透しながらも、通気性もあります。

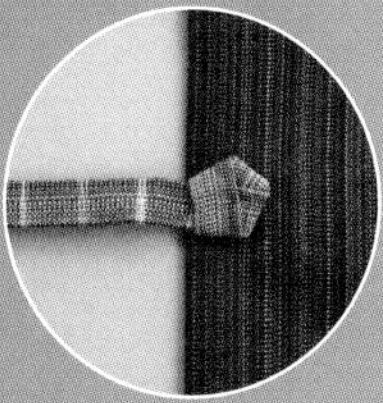

下前の裏面に付いている紐は、引っ張りにも強く、しっかりと布に縫い付けてあるので、すぐに取れることもなく安心です。

idea 8

割烹着、エプロンは白と決めて

割烹着は料理の世界の、いわば仕事着です。色はもちろん清潔感あふれる白。割烹着とエプロンは選び抜いて、私なりのこだわりを持ち続けています。着ている割烹着は、京・富小路 きねや オリジナルです。

必需品である割烹着は、仕事をするときにさっと羽織って着られるものが一番。きもので料理するときや茶会の水屋仕事にも重宝するお気に入りが、きねやさんオリジナルの割烹着です。きものをすっぽりと包む大きさ、無駄のないデザインで、少しだけ裾にギャザーが寄せてあります。そして軽量。ノーアイロン。多忙な毎日には、この上なくありがたいものです。普通の割烹着にありがちな、胸元などが浮くこともなく、体に沿ってくれます。端々に実際に使う人を考えた小さな工夫が。丈が欲しいので、Lサイズを求めました。

次ページのささっと巻けるエプロンは何年か前にいただいたもの。柔らかさが程よくて、余分のないデザインが好みなのですが、これ一枚しかありません。また業務用のエプロンも使います。ヘビーユーザー向きのしっかりした木綿製。まさに板前さんのエプロンです。

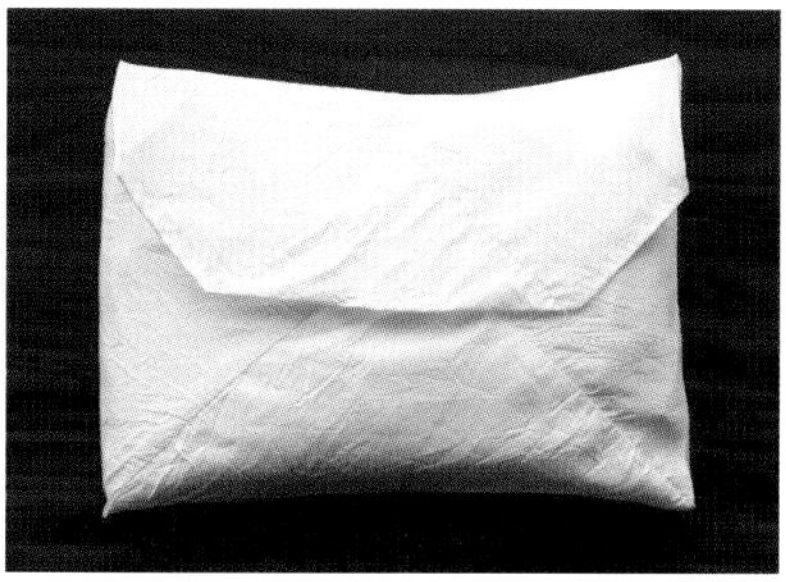

上◇いま一番のお気に入りの割烹着。軽くて着ても暑くない。大きなポケットがあるので、手拭いなどが入るのもありがたいところ。下◇数寄屋袋風の携帯袋付きです。
割烹着／京・富小路 きねや

富小路六角上るに店を構えるきねやさんで。オリジナルの割烹着は22年前に考案されたものだそうです。色のバリエーションは9色、ポリエステル製です。

「最高のエプロンはいただきもの。貴重な一枚です」

何年か前に東映の衣裳部の方にいただいたエプロン。さっと腰に巻いて使うタイプのエプロンです。ポリエステルが入っているので使いやすい。同じものが欲しくて探しまわったけれど見つからない、貴重な一枚です。

通販でも手に入る料理人仕様の、板前さんのエプロン。木綿製、地厚でしっかりした縫製です。パリッとしたエプロンを付けると、気持ちが引き締まります。

手拭いは埃除けや目隠しに器に掛けたり、手荷物に掛けたり、大活躍します。
いつも持ち歩いています。これらはお気に入りコレクションの一部。生地は
使い込むと柔らかな肌ざわりになり、よく水気も吸ってくれます。

わたしの中の

人気ワードローブベスト5

毎日のことですからね。オーバーにいえば、皮膚感覚に近い織物が中心。そこまでいかなくても、スーッと体に馴染むきものを選んでしまいます。ちょっと、ときめくきものもいいかな。詳しくは第3章をご覧ください。

1 結城紬

とくに寒い頃には、必ず毎年袖を通す織物です。いただいたものもありまして、大事に着させてもらっています。細くふっくらとした真綿糸だからこそ、暖かさを保ってくれて、心地よいきものです。

2 塩沢御召

独特の「たれ感」が大好きなきものです。袷でも単衣でも着込むほどに体に馴染んでくれて、気分よく着られます。細かなしぼがあるため肌触りが爽やかで、単衣としても活躍しています。20年近く着ているものも。

3

小千谷縮

夏はやっぱり麻織物でしょう。小千谷縮といっても、種類が豊富で綿麻や後染めまであります。透け具合も反物によって違うので、時季により選びます。お気に入りは、よそゆき感のあるブルーの段替わり。

4

草木染紬

ひと昔前、大島や牛首などの後染めの紬が流行したときがありました。この頃はどうなのでしょうか。仕事でも人にお目にかかったり、集いがあったりと、華やかさもあるよそゆきで行きたいときのきものです。

「長時間着ている仕事着ですから、優しく体に沿ってくれるきものがなによりです」

5

小紋

たまには小紋も着ますよ。でも普段着なので、印象の強い大柄ではなく、小柄を選びます。帯で表情を出す感じにまとめます。新年明けてから春は、濃い地より優しい淡い色地を着たくなります。

Foods with Kimono.

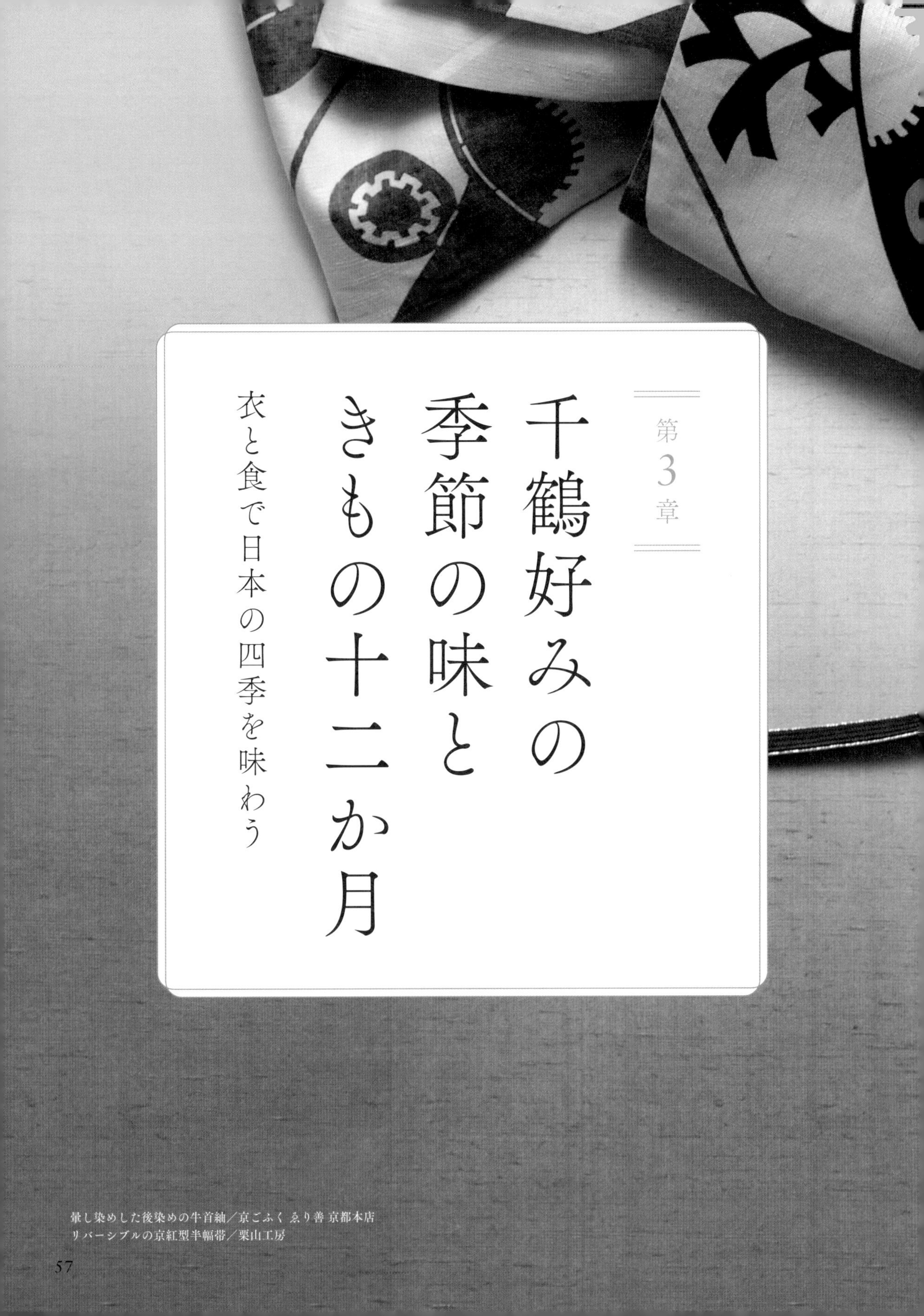

第3章

千鶴好みの季節の味ときもの十二か月

衣と食で日本の四季を味わう

暈し染めした後染めの牛首紬／京ごふく ゑり善 京都本店
リバーシブルの京紅型半幅帯／栗山工房

着るもの、身につけるものは、
その人らしさを表します。
選ぶ組み合わせや小物づかい。
その表現の仕方が
洋服ときものでは全く違うのです。
洋服ではシックなトーンが多い私でも、
きものだと明るい色や
かわいい柄に惹かれます。
おもしろいなぁといつも思います。
今回お披露目するものの中には
30年以上着ている物も沢山。
（歳がバレますね）
私物以外にも素敵だなと思った
私好みのきものを
セレクトさせていただきました。
きものならではの
帯合わせや色合わせを
季節のお料理とともにお楽しみください。

一月

January

働くお正月は織物でお客さま迎え

明るいベージュ地の結城紬は、絣でも飛び柄で無地場が多いので、よそゆき感が生まれ、普段とはちょっと違うお正月らしい印象になります。ゼンマイを織り込んだ名古屋帯を仕立て直した半幅帯と合わせました。

色や柄で新年のめでたさを表して

いつも紬を好んで着ていますが、お正月は普段と違う〝華やかさ〟を意識して装います。お気に入りはベージュの飛び柄結城紬と、刺繍を施した臙脂の紬です。そして帯はやはり半幅帯を合わせるスタイルです。

無地の紬はお茶会にも使われるように、紬の中でも改まった雰囲気があります。付け下げのように柄を配した飛び柄も、よそゆき感がありますね。遠目には無地に見える小絣、地風の面白い結城紬や爽やかな細縞の唐桟《とうざん》などで、清々しさを表せたら素敵。濃い地の無地の場合は、汚れが目立ちにくく使い勝手の良さがあります。渋い感じになりがちなので、京紅型などの半幅帯で華やぎを添えます。またラオスの手織り織物をパッチワークした楽しい帯は存在感が光ります。全体のコーディネートで、新春の明るさを演出します。

刺繍が施された臙脂色の紬には、華やかな半幅帯を合わせ、お正月らしい華やかさを演出。

千鶴好みの結城紬と唐桟

草木染の唐桟を
元気色のパッチワーク帯で

爽やかな色目の唐桟は新年から着たいきもの。伝統的なラオスの手織物をパッチワークした半幅帯で、明るく快活な印象に。きもの／太田和　帯／ポンナレット　帯締め／衿秀

こっくりとした無地には
京紅型であでやかさを添えて

色に奥行きのある濃い地の結城紬には、上品なクリーム色地に祝いの意のある牡丹唐草文様の京紅型の半幅帯とで、めでたさを表しました。きもの／太田和　帯／栗山工房

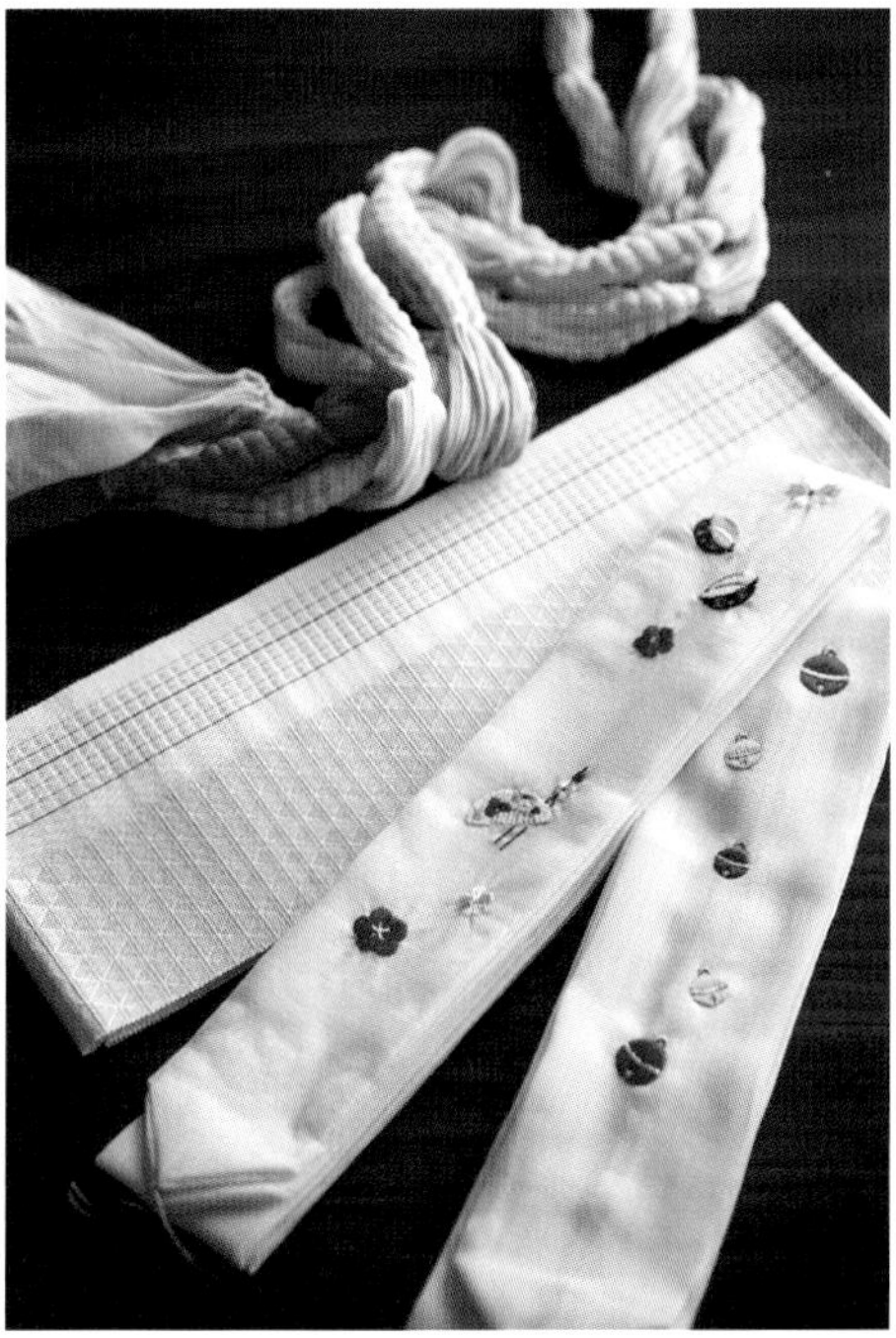

かわいい
着物小物

弘法大師が7つの色を身につけ災いを遠ざけたという言い伝えに由来し、京都では厄除けに7色を身につける風習があります。上から◇絹の腰紐／ゑり萬　伊達締め／井澤屋
手前はお正月らしい刺繍の腰紐です。鈴は厄除けの意があります。腰紐上から◇白地腰紐／京ごふく ゑり善 京都本店
ピンク地腰紐／衿秀

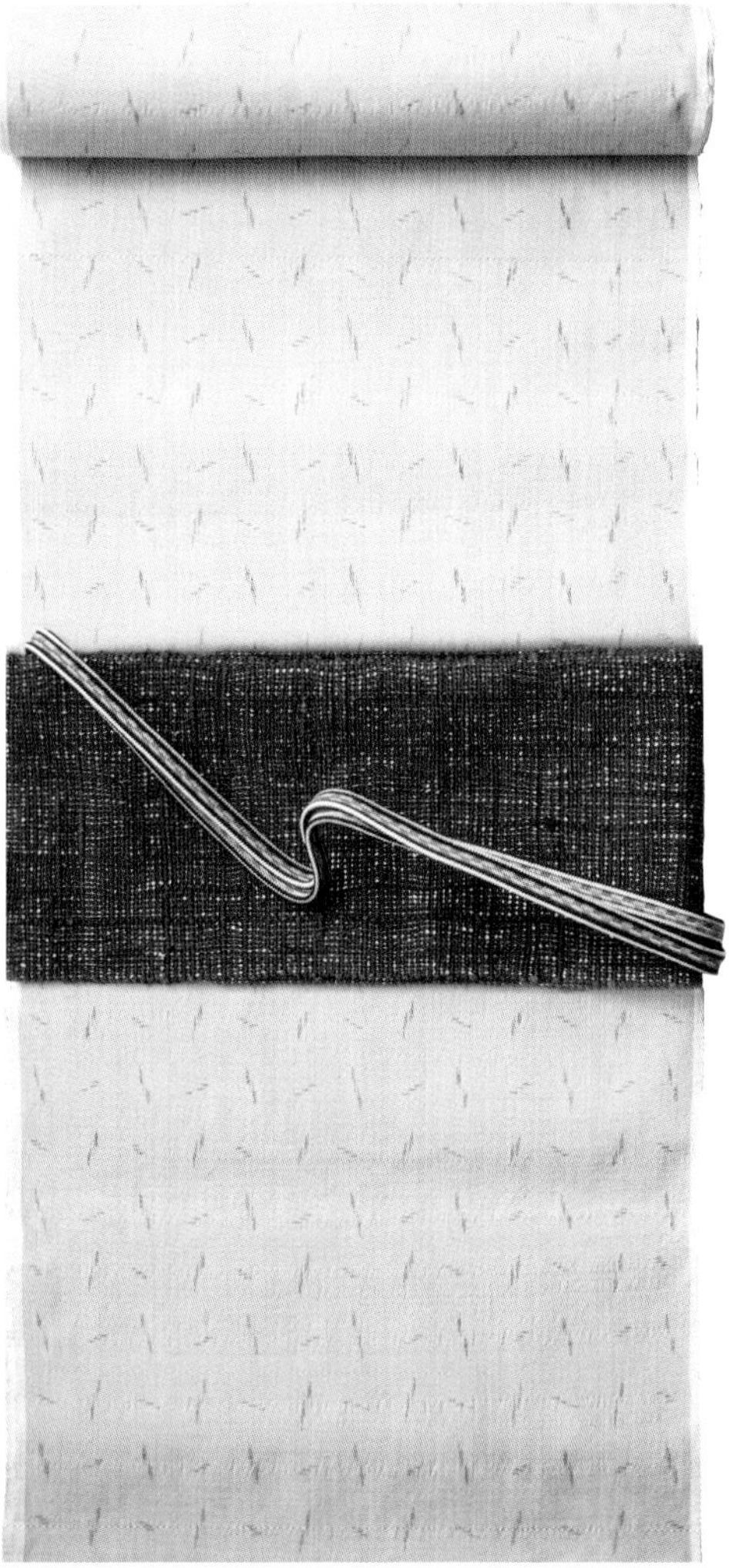

撚金《ねんきん》箔を織り込んだ半幅帯でよそゆき風に

小絣の結城紬には味わいのある織りの紬帯で。新年は上質なお洒落をしてスタートです。きもの／千成堂着物店　帯／呉服處 ばんぞの
帯締め／衿秀

二月

February

京の底冷えにはあったかコートとストール

9年ぐらい前に求めたレーヨン糸使用のシフォンベルベット。きもの用のコートはお太鼓結びをするという前提で身幅を決めているので、半幅帯ではサイズが大きめ。ボタンを移動して細身にしています。

軽くかつ暖かい素材を選ぶ

盆地の京都の場合、底冷えが厳しいのです。冬場に外でじっとしていると、体の芯まで冷えてしまいますので、防寒対策として暖かなコートが必要なのです。車での外出でなく、歩いたり、電車に乗って出かけるときには、プレタのベルベットコートの出番となります。コート選びは暖かさとともに、体に馴染む「たれ感」があるか、重くないかがとても重要なポイントとなります。衿のたっぷりした右ページのベルベットはお気に入りです。

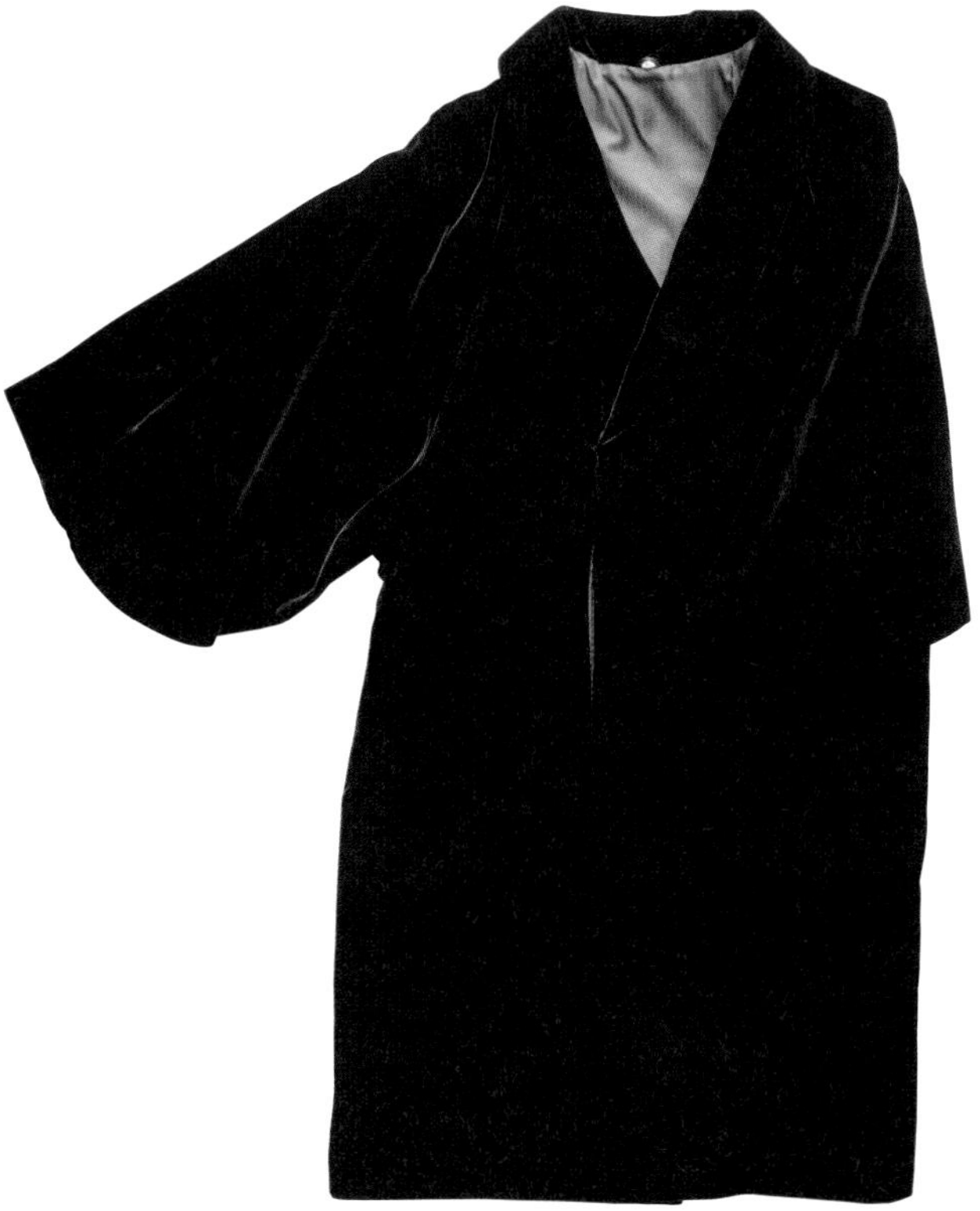

きものを選ばない黒地
元禄袖のベルベットコート

さっと羽織れるへちま衿のコートです。黒地でレーヨン系のベルベット製なので扱いが楽です。表地はレーヨン65%、キュプラ35%。身丈100cm、裄70cm。コート／古今（荒川）

暖かさを求めるなら、
品の良いカシミアコート

寒さが厳しいときの外出には、カシミア100%のコートでお洒落に防寒対策をしたいですね。袖は動きやすさを考えた船底型。衿はロールカラーです。身丈100cm、裄70cm。コート／古今（荒川）

知人よりいただいた刺繍を施したストールと、ブルーグレーのものは、実家にいたときにお客さまよりいただいたエルメスの大判です。

車での移動には大判カシミアストールで

車で移動するときには、大判のカシミアストールをサッと羽織って出かけます。車の乗り降りに便利な身軽なスタイルです。ストールは小ぶりのものより、しっかりと体を包み込む大判のほうが暖かく、そして使いやすいのです。室内に入ったら、ひざ掛けにもなりますし、場所を取りません。

冬場は断然カシミア、というワケは、原料となるカシミアヤギの柔毛は、厳しい寒さに耐えるための保温、保湿に優れている特殊な素材だそうで、厚手でなくても暖かい。光沢もあり上品な風合いです。

最近ではカシミアの大判ストールも出回るようになり、好みのものが見つけやすくなりました。外国からのお客さまからいただいたものですが、エルメスのカシミアストールはずっと愛用している一番のお気に入りです。

大好きなニュアンスカラーの大判カシミアストール。ふわっと優しくて、暖かです。上半身をすっぽり覆うことができます。

春のおばんざい

4月のお台所はたけのこを茹でる甘い香りでいっぱい。料理は走りと言われる少し季節を先取りしたものが良いとされるけれど、家庭料理はたくさんとれる時期にたっぷりいただくのがやっぱりいいですよね。たけのこが甘いから調理は極力シンプルに。でも家庭料理は上品すぎると物足りないから、濃いめのお味で、木の芽も地のものをたっぷりと。豪快にかぶりつくのがおすすめです。

たけのこの木の芽焼き

〈材料2人分〉

茹でたけのこ*……1本（300〜350g）
片栗粉……適量
太白ごま油……小さじ2
みりん……大さじ3
うす口しょうゆ……大さじ1と1/2
木の芽……適量

〈作り方〉

①茹でたけのこは、縦半分に切り、根元の部分は2cm幅の半月切りにし、表面に細かく切り込みを入れる。穂先は縦4等分に切る。焼く直前に片栗粉をまぶす。

②フライパンに太白ごま油を入れて中火にかけ、①のたけのこを入れて焼く。全体がこんがりと焼けたらみりんとうす口しょうゆを回し入れ、全体に絡めて火を止める。器に盛り、あれば包丁で刻んだ木の芽をまぶす。

＊市販のたけのこの水煮パックを使う場合は、切ってから、水から一度茹でこぼすと美味しく仕上がります。

三月

March

肌寒さの残る頃には真綿紬を

色は季節に先駆け春めいて

一年を通して、紬や御召を着ていますが、やっぱり寒いころには真綿紬に手が行ってしまいます。春の日差しが感じられる三月でも、考えずとも結城紬を選んでいるのです。ほっこりさせてくれる結城の魅力は、女性の手で細く紡がれた結城紬の糸の持つ〝力〟。良い糸ほどたくさん空気を包み込んで、体を暖かく保ってくれるそうですよ。そして糸の力を最大限に生かすのは丁寧な手織りなのですね。

真冬に着る真綿紬は濃い地が多いですが、年が明けたら、自然と明るい色を着ています。からだから考えると、暖かさを求めますが、こころでは色でいち早く春の到来を喜んでいるのでしょう。忙しく暮らしていると忘れがちな季節の移ろいを、きものは感じさせてくれるのです。

アンティークの器を多く扱う、御所南のうるわし屋さんで。こないだも小皿を整理したばかりなのに、つい手にしてしまいます。薄いベージュ地結城紬にオレンジの花柄の織り半幅帯で。

四月
April

春色袷と八掛遊び

細かなしぼのある塩沢御召は、体にしなやかに馴染む、とても着心地のよい織物で、大好きなきものです。清らかさを感じさせてくれる白地は、新年明けてからの色目です。

すっきりした格子柄の玉糸使いの紬には、きものの地色を濃くした黄土色の八掛を付けています。帯は龍村美術織物の遠州七宝文半幅帯で、よそゆき風にまとめています。

優しい色目の紬に、密やかに八掛を楽しんで

一月から四月は、きものの色目に白っぽい色を選びたくなります。新年明けて清らかさや明るさを大切にするのは、日本人の美意識なのでしょうか。厚手の袷から春の袷に変わるこの時季に、袷、単衣とも淡い色や明るい色目の塩沢御召がワードローブとして活躍します。御召糸の作り出す細かなしぼは、しなやかに体に沿います。塩沢御召の風合いに近いと思ったのが、群馬の繭を用いた上州座繰《ざぐ》り紬と、下井《しもい》紬という作家物の真綿紬です。ともに糸にこだわった肌当たりがさらっとした紬です。また薄手の袷の定番として、大島紬も忘れてはいけませんね。細かな摺り込み絣の軽やかな印象が春らしい織物です。

これらに合わせる八掛は、同系色の小紋柄で馴染ませ装うか、色を利かせて足元をきりりとさせて楽しみます。

千鶴好みの春色袷と八掛

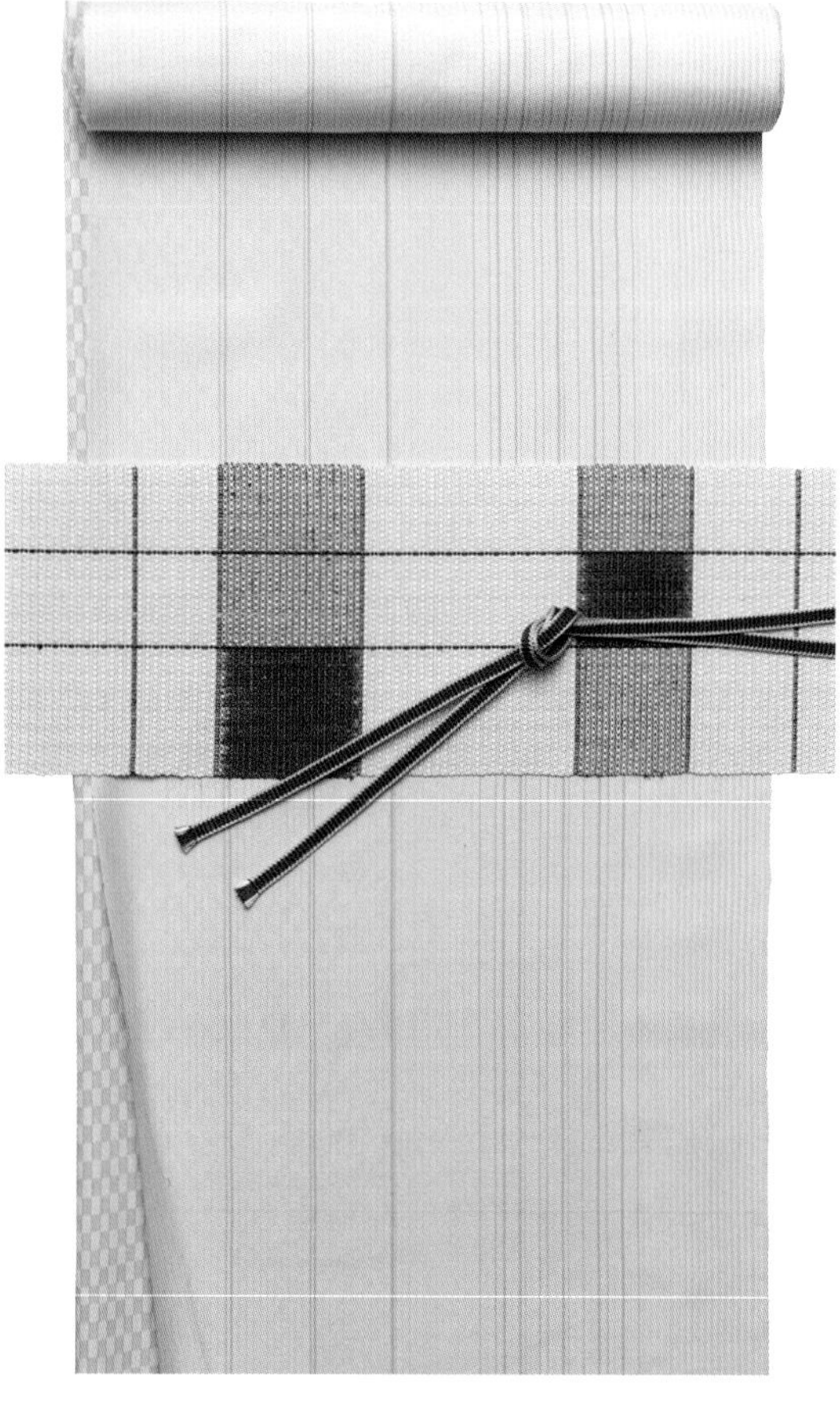

心地よい風合いの紬に
草木染の帯でシックに決めて

爽やかブルーの格子の紬は3割に真綿糸を使い、撚糸にもこだわった下井紬です。いい肌ざわりです。中野紘子作半幅帯は、藍の生葉や小鮒草で染めた上州座繰り糸で織られています。きもの／きもの円居　帯／イトノサキ　八掛／桂商店

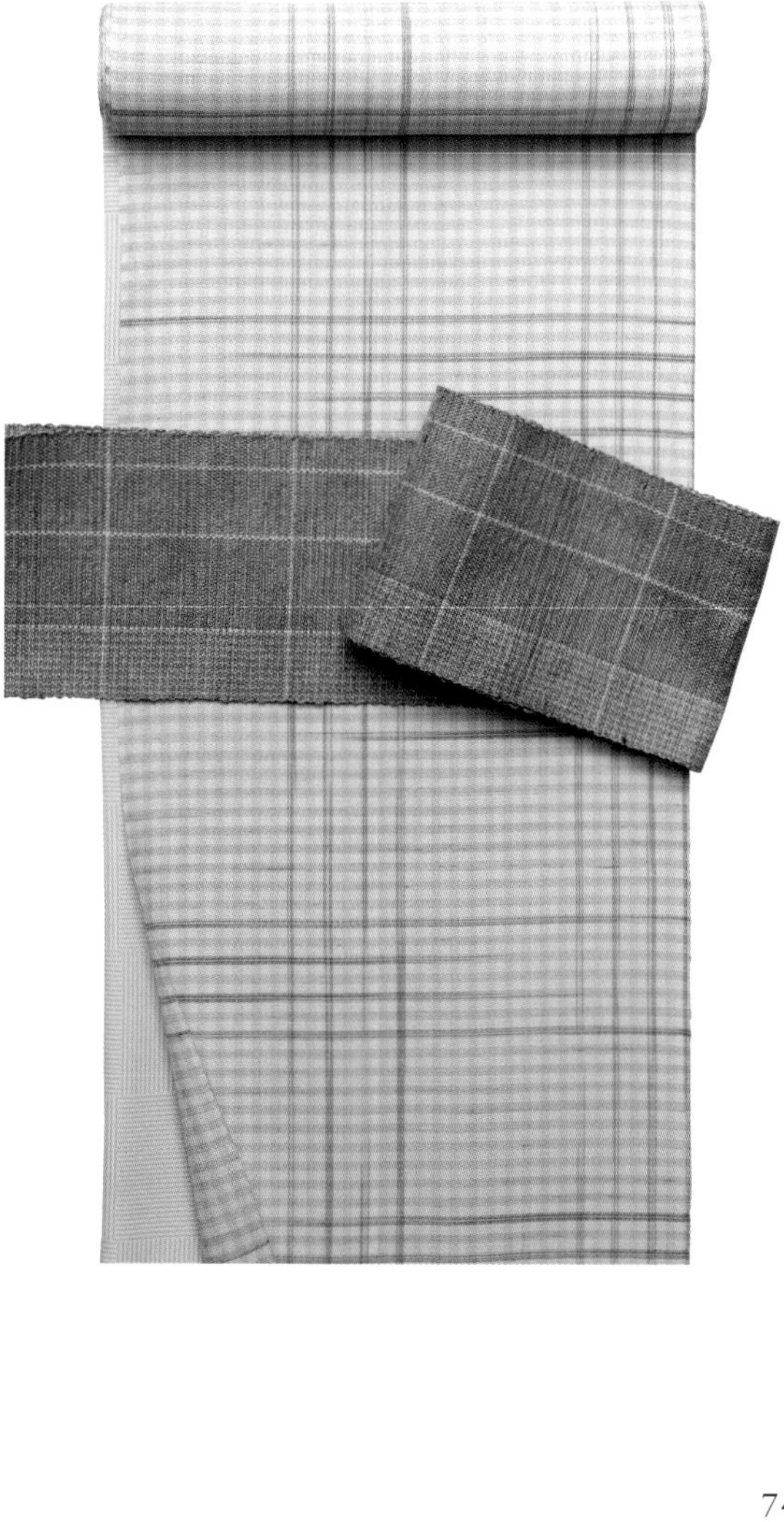

上質感たっぷりの紬を
帯と八掛でポップに

優しい色合いの生繭からの糸で織った座繰りの紬は中野紘子作。モンドリアンの絵をイメージした吉田美保子作の半幅帯と小紋の八掛で春の浮き立つ気分を。きもの／イトノサキ　帯／染織吉田　帯締め／衿秀　八掛／桂商店

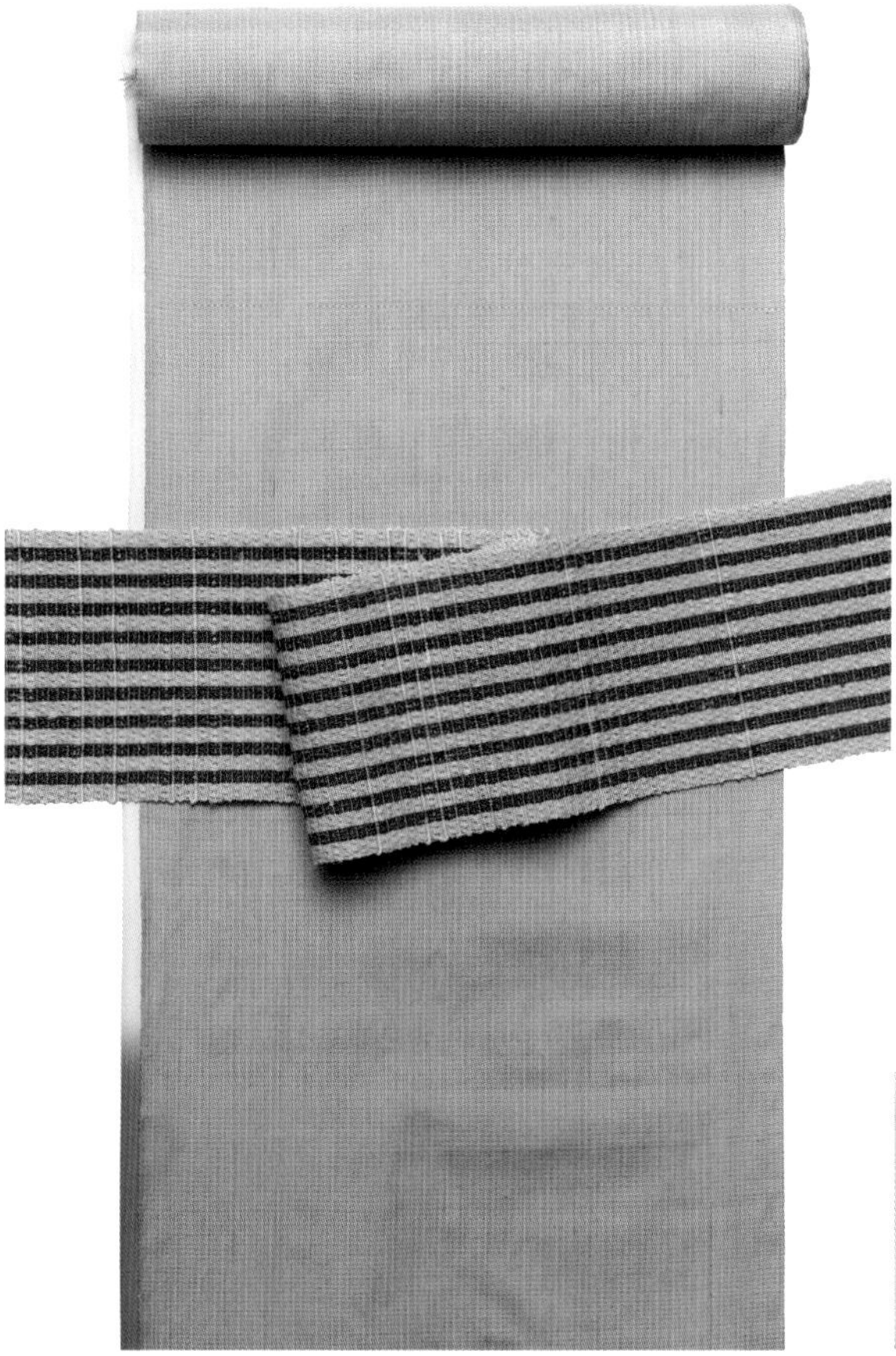

草木染の紬に同系の八掛
縞の帯できりりと

座繰り糸を白樫、栗毬《くりいが》などの7種の草木で染めた中野紘子作の紬に、ミント&チョコレート色の帯で快活なイメージを。きびそと大麻使いの半幅帯は吉田美保子作。きもの／イトノサキ　帯／染織吉田　八掛／浅見

京紅型の帯と暈しの八掛で
白大島を柔らかな京風に

珍しい白絣の大島紬は、清らかな雰囲気を持つ春に似合うきものです。草花に雪輪、疋田《ひった》柄の半幅帯で優しくまとめました。帯はリバーシブルになっています。きもの／太田和　帯／栗山工房　帯締め／衿秀　八掛／浅見

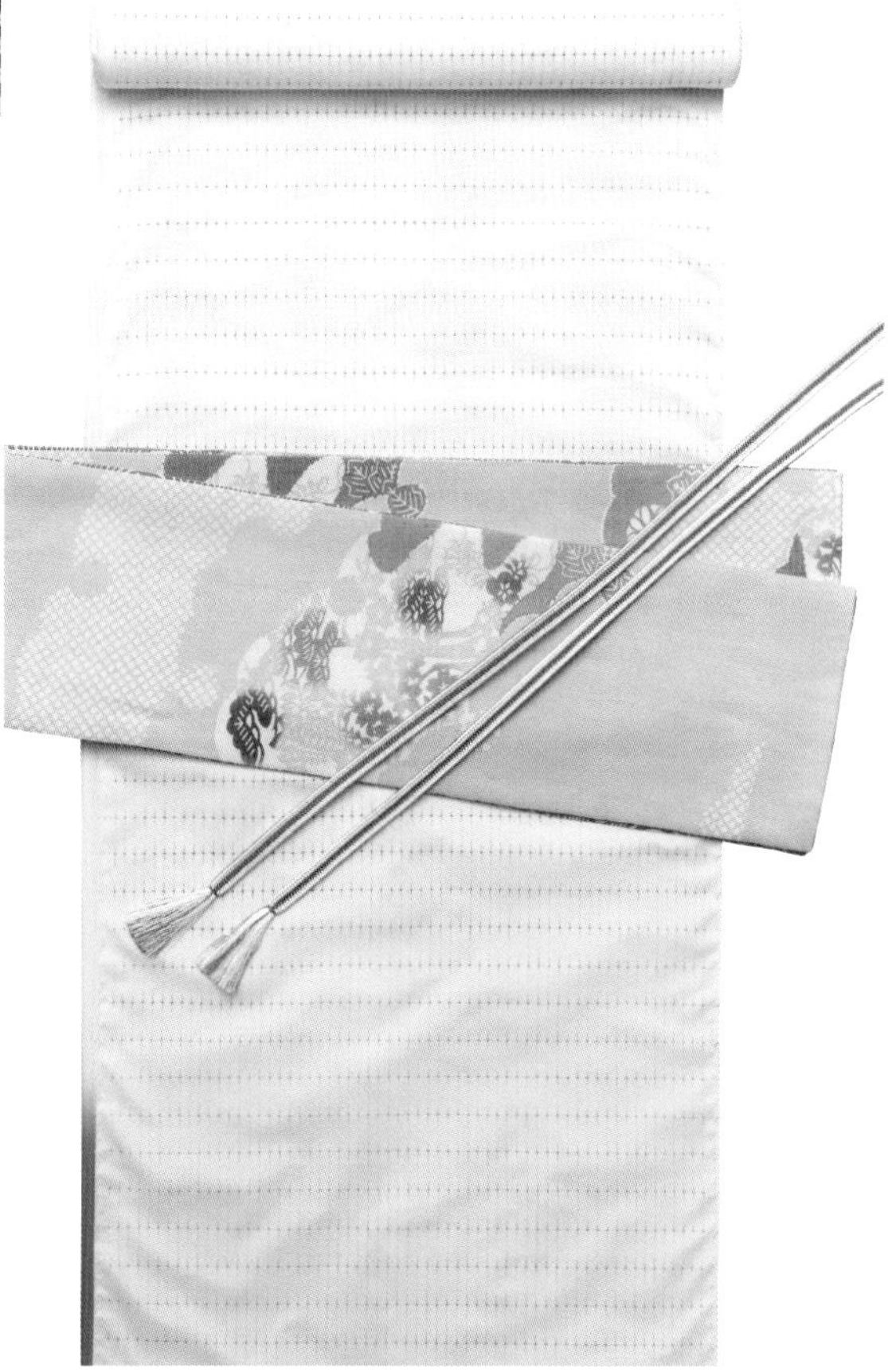

五月
May

爽やかに装う春単衣

春らしい優しいピンクの草木染の単衣は、友人のお母さまよりいただいたもの。もっさりせずに着心地がよく、華やかな雰囲気があるので、よそゆきの仕事着になっています。バッグ／京・富小路 きねや

18年は着ているというヱ霞文様の塩沢御召です。いい風合いで、裾さばきがよいのです。体に沿うので、春単衣でも着ています。白ミンサー帯ですっきり見せます。

さらっとした肌ざわりの織りを

単衣の時期ですが、春と秋とでは、気温ばかりでなく、周りの自然も変わってきます。春に合う単衣を誂えるなら、爽やかな色目を意識します。緑が萌え、花々が咲き誇る頃に合わせ、ブルーや白、パステルカラーなど自然に溶け込む地色の織物を選びます。

4月後半からの単衣はしっかりした地を選びます。まずはしぼのある本塩沢と呼ばれる塩沢御召を。薄すぎず、厚すぎず、とろんとした生地感が大好きです。ただし雨の日は避けなくてはなりません。一度縮ませた辛い経験があるので、着るかどうかはその日のお天気次第です。その点、雨に強い木綿は気兼ねなく着られますが、あまり藍絣は持っていません。若い頃には産地の藍絣も清々しくいいものですが、大人になってくると、肌の張りも変わり、野暮ったくなく着こなすのが難しく感じてしまいます。

千鶴好みの織りの単衣

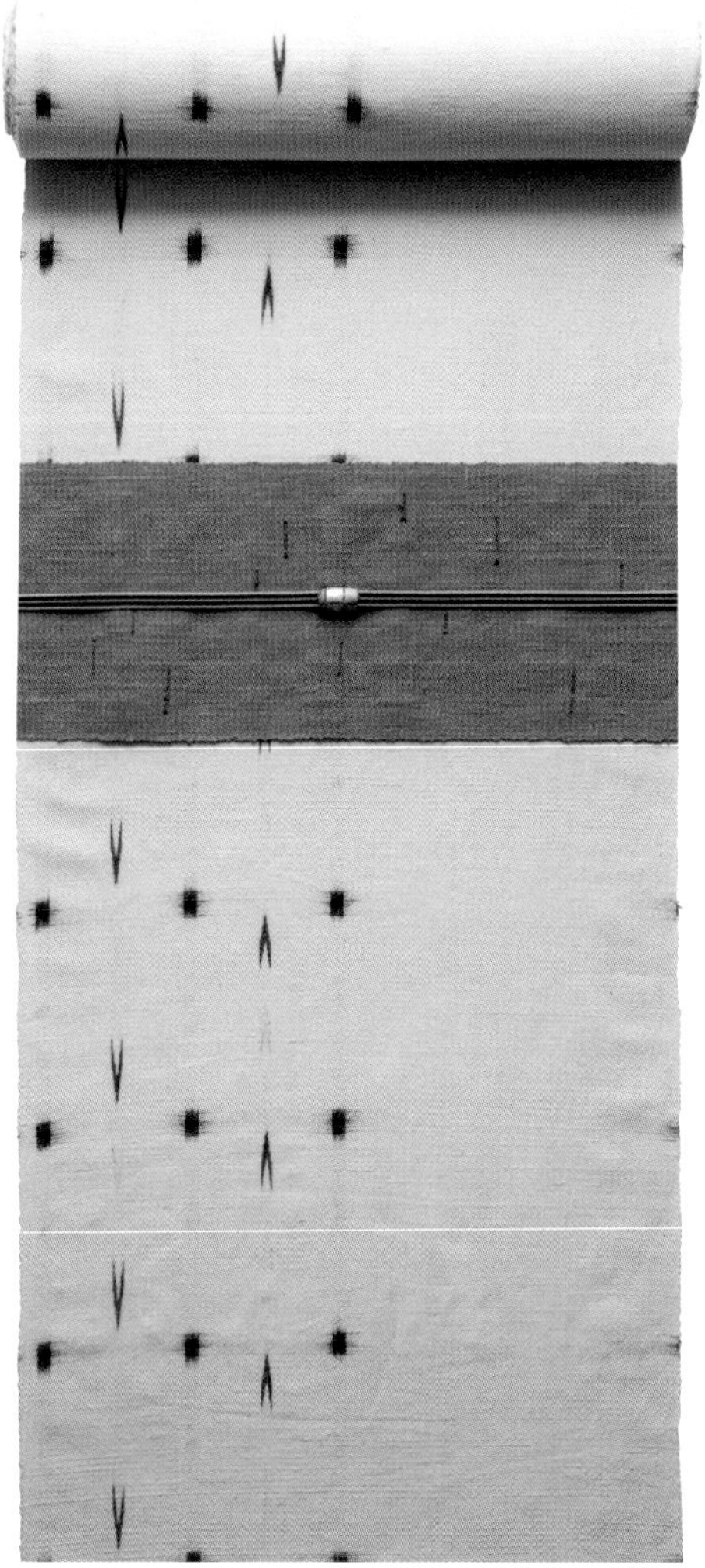

限りなく手のかかった
木綿の贅沢

大熊眞智子作の手括《てくく》りの白絣に、茶綿の半幅帯を取り合わせた洒脱な装いです。銀のトンボ玉帯留でお洒落度を上げて。きもの・帯／日本橋 成匠　帯留め・三分紐／田上惠美子

美しい生葉染めに
縁起の良い鯉文様を

故・吉岡幸雄先生の工房で糸を生葉染めした麻田光子作の無地紬です。季節の柄の京紅型の半幅帯で遊びました。きもの／日本橋高島屋S.C.本館　帯／栗山工房　三分紐／京・富小路 きねや

かわいい
着物小物

白く艶のあるアパカという糸芭蕉の繊維を用いたマクラメ編みのバッグです。軽量でA4サイズの書類も入るので使い勝手がよい、暑いシーズン向きのバッグ。持ち手は竹製。バッグ／eiziya ZOU

さらっとした
風合いを楽しんで

糸の太さと織りでシャリ感を出した下井紬に荒木節子作の染め帯で現代風に。きもの／京ごふく ゑり善 京都本店　帯／日本橋高島屋S.C.本館　帯留め・三分紐／田上惠美子

夏のおばんざい

京都の夏は暑い。昔からその蒸し暑さは有名で、暮らしの中に涼を呼ぶ工夫が色々されていることも皆様すでに周知のことかと。お料理でも体の熱を取ってくれる夏野菜を食べて、鱧で英気を養って。暑い中、こんなおなすの料理も、酸味を効かせてキリッと冷やしていただくと、ごちそうに感じます。なんでもちょっと気をつけて美しく仕上げる。その気持ちを持ち続けることが大切やなぁといつも思います。

賀茂なす南蛮

〈材料２人分〉

賀茂なす*……１～２個（400～500g）
米油……適量
Ⓐ［だし汁……100ml
　砂糖・米酢・うす口しょうゆ……各大さじ１
輪切り唐辛子……少々
おろししょうが……適量

〈作り方〉

①賀茂なすはヘタを切り落とし、皮を縞目にむいて８等分のくし形に切って、水に５分間ほどさらす。
②①の賀茂なすの水気をペーパーで拭きながら、180℃に温めた米油に入れる。時々箸で上下を返し、なすがしんなりするまで揚げ、油をきる。
③②が温かいうちに保存容器に並べ入れ、合わせておいたⒶと輪切り唐辛子を入れ、冷めるまでそのままおく（できれば冷蔵庫でひと晩おく）。器に盛り、おろししょうがと輪切り唐辛子をあしらう。

＊賀茂なすが手に入らない場合、普通のナスでもOKです。

大原流・水だしの作り方

冷水ポットに水（１Ｌ）を入れ、利尻昆布（5g）とだしパックに入れた鯖や宗田鰹など混合の削り節（10g）を入れ、３時間以上置く。冷蔵庫で、夏場なら２日、冬は3日ほど保存可。
今回のレシピ（賀茂なす南蛮とぶり大根）で「だし汁」と表記しているものは、この水だしを使用しています。

上等だしの取り方

鍋に水（１L）、利尻昆布（10g）を入れて弱火にかけ、沸かさないように30～40分ほど煮る。気泡が出てきて煮立つ前に、昆布を取りだし、火を強めて沸いたらアクをとり、水（お玉１杯分程度）を入れて温度を少し下げ、本枯節《ほんかれぶし》のかつお節（10g）をフワッと入れ、優しくお箸でひと混ぜして火を止め、30秒ほどおき、厚手のペーパーをしいたザルで濾す（かつお節は絞らないこと）。

六月

June

雨にも強い小千谷縮を着始めて

焦げ茶の無地に金泥で鳥獣戯画を描いた小千谷縮です。雨の日に着るものは、知らず知らずに輪ジミなどが付いてしまうので、水跳ねや汚れの目立たない濃い地を選びます。

天候が不安定な日には麻縮に袖を通して

六月はとにかく蒸し暑い。仕事で火を使ったり、体を動かしているとなおさらムシムシがきついです。そして突然の雨がありますので、早めに夏のきものである小千谷縮を装うことにしています。

新潟県小千谷市周辺で古くから織られていた平織の麻織物が、江戸初期に明石縮にならい、緯糸《よこいと》に撚りの強い糸を用いてしぼのある縮を織るようになったと聞いています。織った後に、湯もみをしてしぼを出しているそうです。手業ですべての工程を行う、伝統的な苧麻《ちょま》を用いた小千谷縮はとても高価ですが、ラミー糸を使った機械織りでは無地、縞や絣まで手頃なものも製織されています。手持ちのものの中で、比較的透けないものを雨の日に用いています。

また透けない綿麻の縮も単衣向きです。

七月

July

京の夏は気楽に麻を楽しむ

爽やかなブルーを基調として、淡彩でまとめた小千谷縮は、柄が細かく、遠目には無地に見えます。濃い地の間道《かんとう》の半幅帯で装いを引き締めます。レースの帯締めで涼やかさを演出します。

細かい柄の小千谷縮は印象が柔らかで、着回しが利きます。色がアクセントとなるミンサー織の半幅帯と合わせて。帯留めを使い、お洒落度をアップさせます。

家で洗える小千谷縮は仕事着に最適

夏の盆地はとにかく湿気が多い。気温以上に体には暑さがこたえます。そこで京都人が考えたのが、暑さ対策には気楽に麻を取り入れること。きものから小物まで麻尽くしで乗り越えます。苧麻を含めた麻という素材は、触感の涼しさだけでなく、冷気を保つ働きがあるため、昔から夏素材として愛されてきました。私もきもの、帯枕、半衿、足袋、バッグ、日傘に至るまで麻製でコーディネートします。

長時間着るワードローブとしては、丈夫な小千谷縮を選びます。小柄の無地感覚のものや、絣であっても無地場の多いものが好み。半幅帯のポイントに帯締めを使い、長襦袢の袖だけをきものに縫い付ける〝うそつき襦袢〟を着ます。袖や脇から風が通り抜け、涼しく過ごせます。そしてお手入れはお洒落着洗剤で押し洗い。いつも清潔で気持ちよく装います。

千鶴好みの小千谷縮

涼感のある緯絣を存在感のある帯でお出かけ向きに

緯糸で霞模様を織り出した小千谷縮に、パンチの利いたブルー地に更紗柄の京紅型半幅帯でよそゆき向きに。帯は麻製でリバーシブル。きもの／玉川屋呉服店　帯／栗山工房

すっきりとした濃い地に西洋更紗柄帯でモダンに

濃い地の微塵《みじん》格子の小千谷縮には、京紅型で西洋更紗柄を染めた半幅帯を合わせて都会的な雰囲気に。帯は絹と竹糸との混織地。きもの／太田和　帯／栗山工房　帯締め／私物

かわいい
着物小物

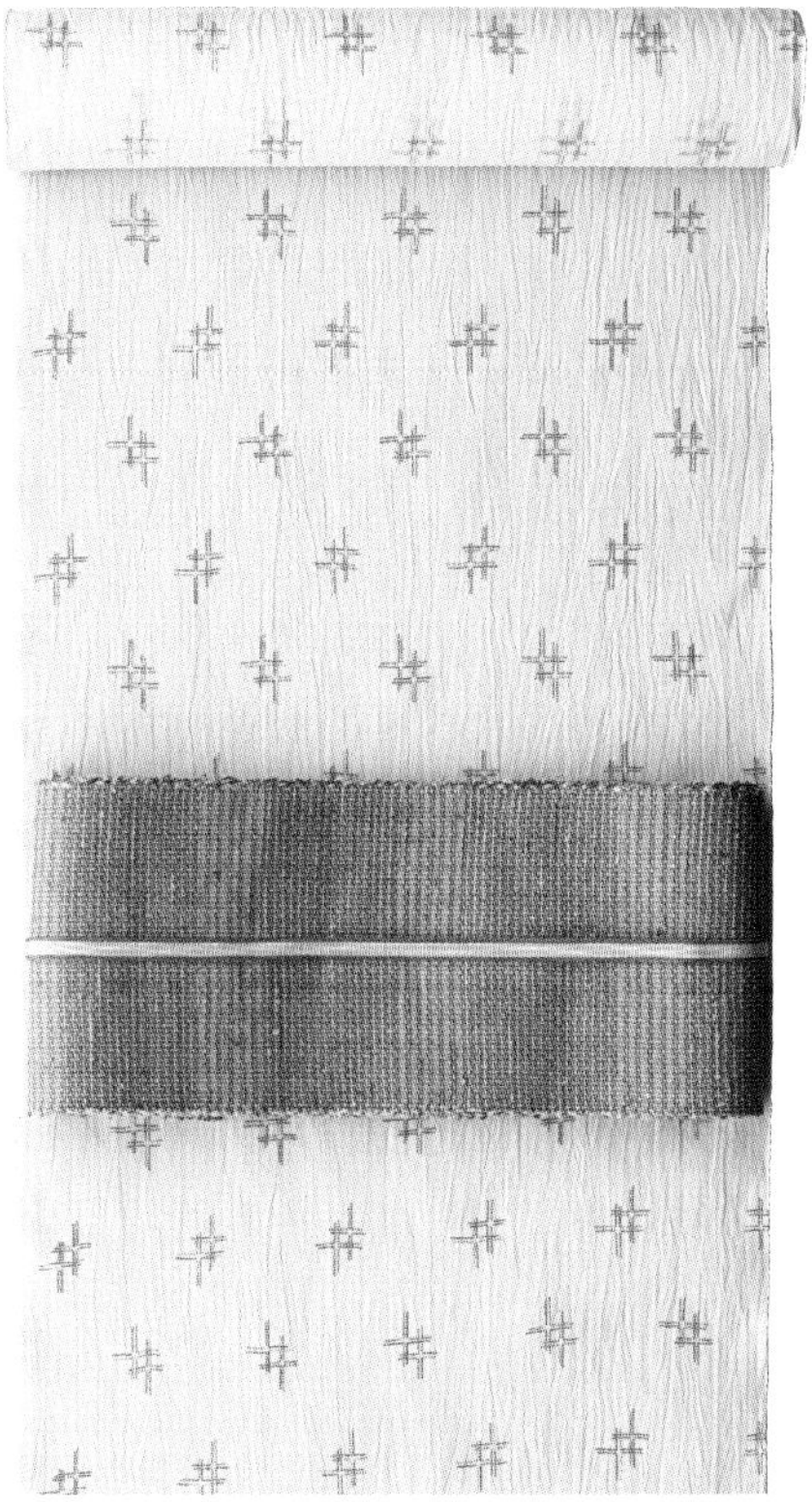

白地に飛び柄絣は
やっぱり可愛い人気柄

夏衣らしい白地絣を、糸にこだわった桜染めの織りの半幅帯によって、清々しくも味わいのある着こなしにまとめました。きもの／京ごふく おか善　帯／仕立ての店 藤工房

蛍のイメージの小千谷縮に
帯で月の光を表して

手絞りのきものに、折り返し織りの草木染名古屋帯を半幅帯にして、月夜に飛ぶ蛍を思わせる取り合わせになりました。きもの／京ごふく おか善　帯／七ヶ浜 いなづま

さらりとしたつけ心地の麻絽の半衿です。麻はひんやり感があるので、衿元も涼しくなります。清潔感のある白や淡彩の色目の半衿を持ってきて、涼感を表します。半衿／衿秀

右ページ◇暑くなったときのお出かけのバッグも麻製で選び、涼やかに装います。左◇柿渋の横長バッグ　右◇大麻布手描きのミニバッグ　バッグ／ともに染司よしおか 京都店

八月
August

暑気払いには上布でお出かけ

越後上布や八重山上布で いつもより上質のお洒落をします

夏には川床が鴨川沿いに置かれます。ちょっと奥まった清滝あたりまで行くと、清涼感が違いますよ。

さて夏は〝麻〟と申しましたが、場面に応じて着分けます。ワードローブでは小千谷縮が活躍してくれますが、友人たちとの会食やお客さまとのお出かけなどには、よそゆきの越後上布や八重山上布で出かけます。上布はとにかく薄手で軽い。ただ羽織っているような感覚です。それなのに透け透けではないのです。苧麻の繊維から生まれた、とてつもなく細い糸で手織りされた夏衣で過ごすことは、贅沢であり、やはり特別なひとときです。

八重山上布といえば、かつては白地に紅露《くうる》、琉球藍などの植物で染めた鳥や井桁など琉球絣を表した上布でしたが、生産量も減り、今日では伝統の絣以外の創作のものがたまに見られるくらいです。寂しいことに、上質の上布は少なくなりました。

波とも瓦ともとれるアーティスティックな模様を織り出した八重山上布。薄手で風合いがよく、ちょっと気遣いながら大切に着ていきます。ざっくり感のある麻の半幅帯を合わせてすっきりとした装いに。帯結びは大原流結び。白地の帯締めで清涼感をアップさせます。

薄手でありながら、品の良い透け感のあるきものです。空調の効いたところでは、冷気を保つ性質があるので、より涼しく感じます。麻の日傘をさして、これから暑気払いに出かけます。

秋のおばんざい

麩が好きです。お出しをたっぷり含んでフルフルと煮えた柔らかい麩は最高のご馳走やと思います。板麩や車麩など色々ありますが、京都のお出しを味わうには棒麩や丁字麩のような白くて柔らかく煮えるものがおすすめ。鶏の出汁と合わせると、なお味わいが増します。小さい頃お腹が痛い時に忙しい母がさっと作ってくれるのが嬉しくて。その特別感が味にも影響しているのでしょう。当然、普段は松茸でなく、椎茸で作ってます(笑)

松茸と丁字麩のお椀

〈材料4人分〉

松茸……適量
丁字麩*……4個
鶏もも肉……100g
片栗粉……少々
上等だし……600ml
Ⓐ うす口しょうゆ・酒……各小さじ1
　 塩……小さじ1/2
白髪ねぎ……適量
青柚子（薄い輪切り）……少々
黒七味……適宜

〈作り方〉

①丁字麩はたっぷりの水につけて戻し、柔らかくなったら水気を絞っておく。
②松茸は根元の固い部分を切り落として汚れをとり、大きければ食べやすく切る。魚焼きグリルに並べ、塩少々（分量外）をふって、3分間ほど焼く。
③鶏肉は7mm幅のそぎ切りにし、片栗粉を薄くまぶし、熱湯でサッと茹でてザルにあげて水気をきる。
④鍋にだしを入れて中火にかけ、沸いたらⒶと①の丁字麩を入れ、再び沸いたら弱火にして5分間ほど煮る。麩をお椀に盛り、鍋に残った汁に③の鶏肉を入れて温め、麩の上に鶏肉と②の松茸をのせ、汁をはり、白髪ねぎと柚子の皮を添え、お好みで黒七味をふる。

＊丁字麩が手に入らない場合は、お好みの麩でもOKです。

九月

September

暑さの残る初秋は色を軽やかに

白地に細縞のきものは、若い頃に母に買ってもらった塩沢御召です。単衣の中で一番のお気に入り。帯合わせが楽なきもので、どんな大胆柄でもぴしっと似合ってしまうのです。

残暑の頃は
きものは淡い色目で軽やかに

染めのように季節のはっきりわかるきものは仕事着としては使わないので、季節の移り変わりをきものの地色や帯で表します。最近の九月はめちゃくちゃ暑くて、暦どおりでは無理があると感じているので、その日の気温を目安にきものを選びます。

基本は暑さの残る初秋過ぎまでは、大好きな塩沢御召やアースカラー、淡色の紬などの単衣で過ごします。素材としては、しぼがある御召、糸使いで凹凸を出した紬や、未精練の手引き糸を織り込んださらっとした紬であれば、単衣向きとしておすすめしたいと思います。

秋は春と違って湿気も少なく、乾燥しています。日焼けした植物が周りにあり、自然界も秋本番へ向かうとき、色は夏色ではなく、一足先に淡い色でも自然と一体化できるベージュ系、薄い茶系を選んでいます。

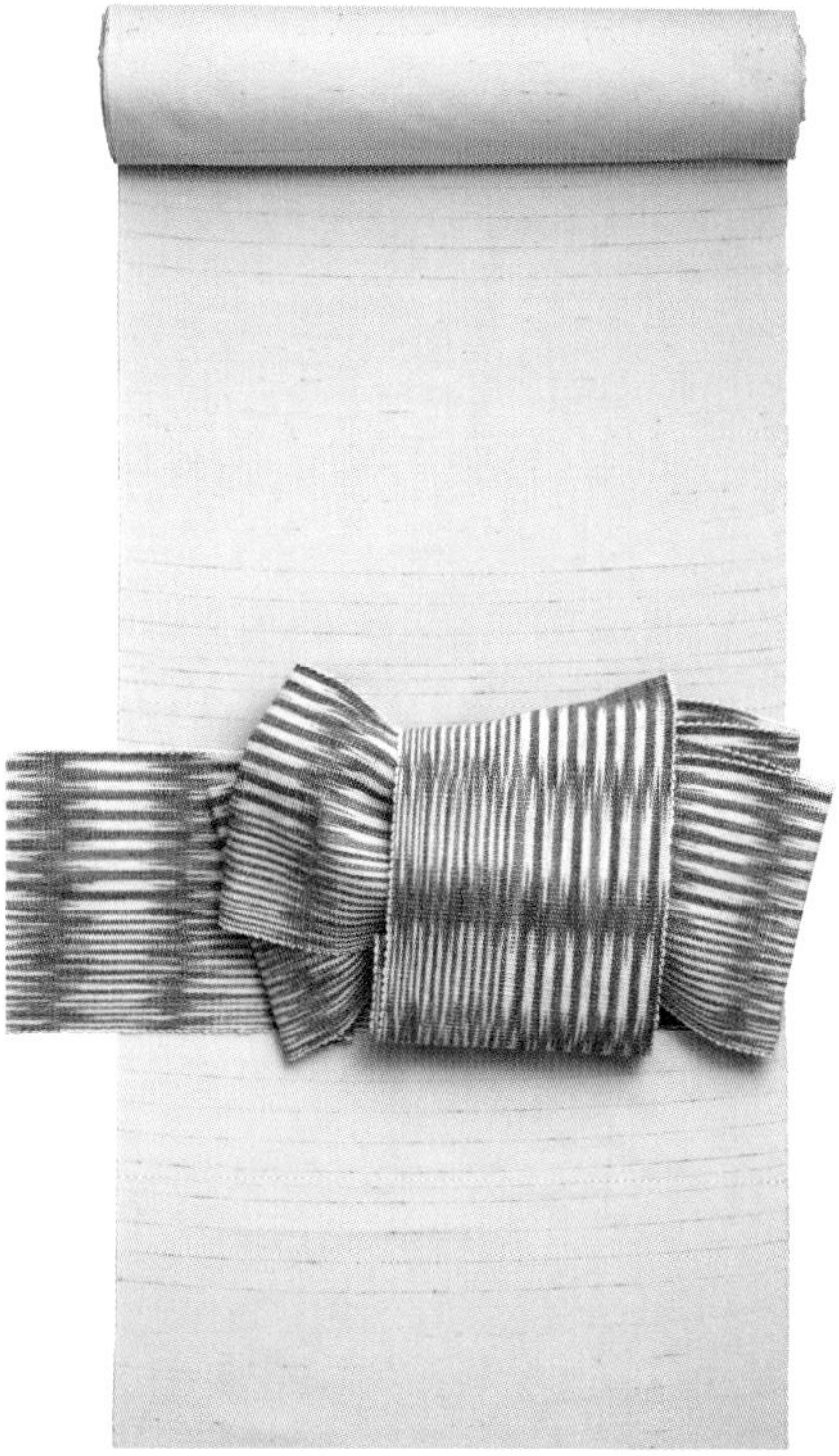

残暑の厳しい日には
ベージュ系で軽やかに

ゼンマイの綿毛入りの紬は、凹凸があり、単衣向きです。手紡ぎ木綿を使った草木染の山下絵里作半幅帯と。経緯絣《たてよこがすり》が秋を先駆けて。きもの／田園調布 秀や　帯／イトノサキ

秋色と淡色格子で
まだ夏の余韻を感じて

西表島の草木で染めた亀田恭子作多色格子は、未精練の糸も使いさらっとした肌ざわり。半幅帯ですっきり見せる工夫をして。きもの・帯（制作＝布きれ・やました）。／イトノサキ

十月

October

茶色が映える仲秋の頃

一瞬染めに見えるアーシーな色のしなやか御召は、9月中旬から10月の単衣。まだ暑さが残る頃には、色はしだいに濃い茶系へと変わりますが、しっかりした地の単衣で乗り切ります。

玉糸使いの無地紬は薄手の袷です。細い糸で織られた紬は軽く、10月向きの厚さです。
葡萄の季節に着たいきものには、不思議と惹かれるモダンな柄の半幅帯に帯留めを添えて。

日によって変わる天気に合わせ、単衣、袷と着替える

秋のきものをどう選ぶか、なかなか考えさせられるところです。10月に入ると、昼間は残暑を憂いていますが、朝夕は少しだけ秋風を感じませんか。季節は移ろいでいるのです。カンカン照り付ける9月とは、明らかに空気感が違います。仕事着として、きものを着る場合に、辛いなー、しんどいなと感じていては能率が下がりますし、気持ちも上がりません。いつも自然体で楽しく働くことが信条です。体に問いかけて、気温に合わせて、その日着たいものに袖を通します。

単衣を着るとしても、御召、紬などしっかりした生地で、色は秋らしい茶系や緑がかったカーキなど草木の色をまといたいですね。

袷なら大島紬など生地が薄手のもので用意しておくと、重宝します。やっぱり袷に変更、などというときにも便利です。

千鶴好みの茶系コーデ

ナチュラルな茶系の紬が
映える頃。帯で深みを出して

自然界の色を織り上げた小田嶋紬には、手紡ぎの木綿だけで組織織りした、陽山めぐみ作半幅帯で。藍や五倍子などの草木染の帯。きもの／太田和　帯／イトノサキ　帯締め／衿秀

自然と調和する
カーキ色系の更紗柄で

英国草花という更紗柄の木綿のきものには、ほのかに挿し色も。柘榴や蘇芳などの草木染の須賀恭子作半幅帯で装いを引き締めます。きもの／吉三郎（栗山工房）帯／イトノサキ

気づいたら、いつも使うバッグが決まっていました

仕事に重宝。A4サイズの軽量トート

欧州のビンテージ生地やインテリア生地を使った軽量のバッグはとても重宝です。写真はノーテブーム社製インテリア生地を使用。ブーメランターコイズMトート（参考品）。／ノスタルジックガレージ吉祥寺

バッグはまず軽いこと。基本的にボックス型など四角い形だと便利です。中身が整理しやすく、一目瞭然、開けてさっと物を取り出せるのです。左はインドネシアの伝統的な手工芸のアタ籠バッグ。右はボックス型の紬バッグで、外側はポケットになっています。

十一月
November

晩秋はこっくりとした色合いを

深まった秋には、嵯峨菊をデフォルメした文様の洒落感のある泥大島に黄金色の半幅帯で、色の温かみを加えて装います。帯にシルエットで表された木の葉も季節らしい。

秋の深まりは色目の濃さで表します

秋のきものは茶色から始まり、徐々に色に深みが欲しくなりますね。さて、晩秋からは泥大島のようなこっくりとした色合いの袷に変わります。たとえば茶色でも一段濃くなるという具合です。街を歩いていても、自然と焦げ茶や栗色、葡萄色、ワイン色といった色目が目に入ります。秋の色遊びは、きものならではのお洒落の〝醍醐味〟なのです。

そして季節のきものの素材としては、泥大島などの紬のほか、御召が着たくなります。厚すぎない薄手の袷とは、袷でも肌にさらっとする感触が感じられるきもの。重さも縮緬と比べると、軽めです。仕事中はこまめに体を動かしているので、もっさりしない、体に沿って動きやすいきものを選ぶことも大切なのです。

季節が過ぎ、薄い袷で肌寒さを感じるようになる初冬となると、いよいよ暖かい真綿紬の出番となります。

秋色らしい茶色尽くしの
塩沢紬と半幅帯

落ち着いた色合いの紬に、キビソなど糸に工夫を凝らし、パッチワークのような効果を出したすぎもと早苗作の織りの半幅帯を。きもの／太田和　帯／イトノサキ　帯締め／衿秀

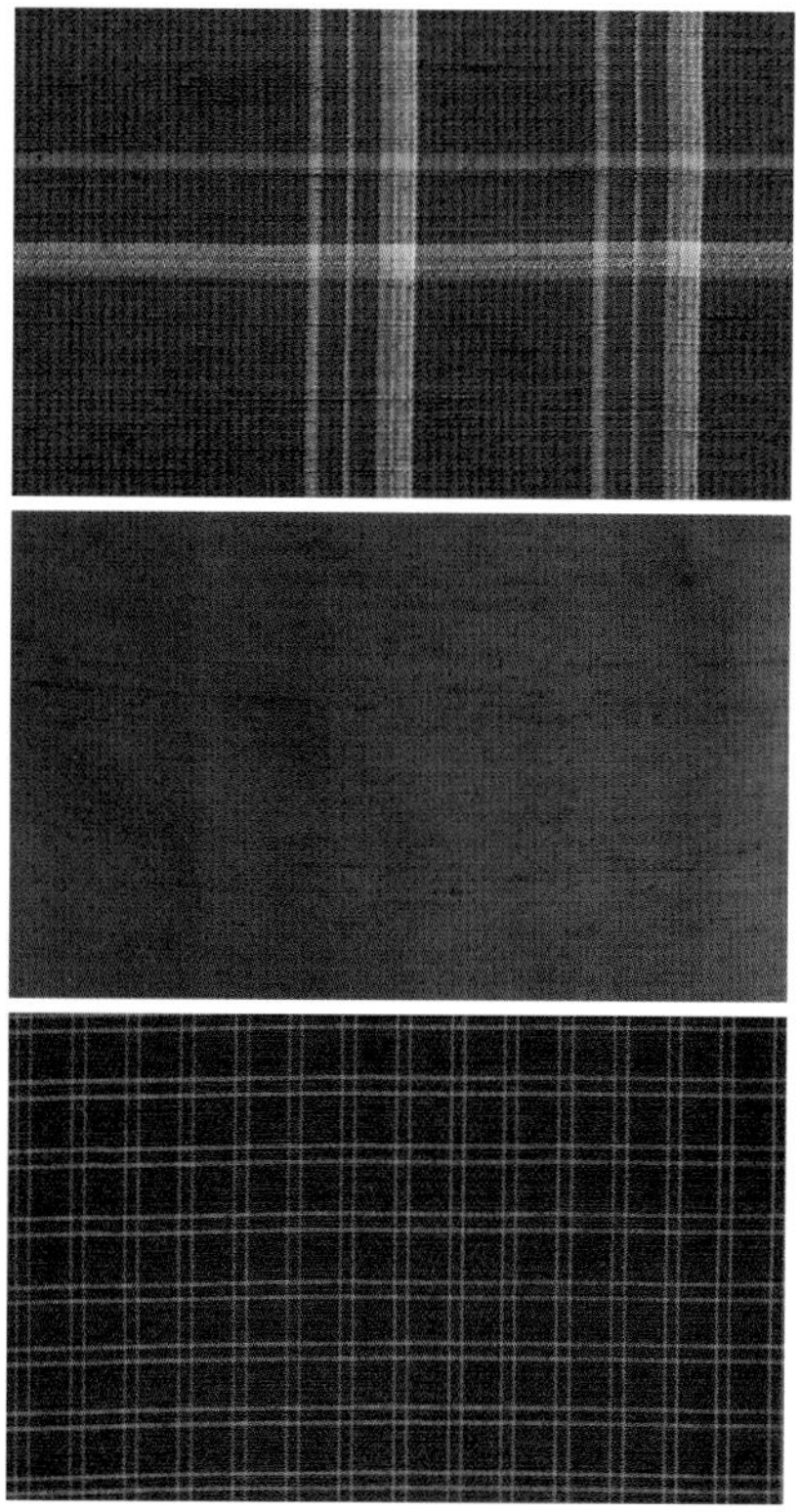

季節を表す
千鶴好みのこっくりカラー

木々の色や葉をイメージした落ち着いた色合い。上の草木染の紬は自然の恵みで染まった秋色。そのほか葡萄色、ワイン系の濃い色も。
上／イトノサキ　中／私物　下／太田和

十二月
December

年の瀬に
あったか真綿紬

冬はやっぱり
ほっこり紬の出番です

また冬がやってきました。しかも大忙しで迎える年末です。仕事も料理だけでなく、そこから生まれるプロデュースなど多岐にわたり、結構頑張ってきました。ですから、自分へご褒美をあげてもいいのでは……と思っています。「時間は作る」、その精神で友人とのひととき、会食に出かけます。

こんなとき、いつも結城紬を着ている自分がいるのです。新年、春と違い色目は濃い地。大きな飛び柄の絣です。普段よく着ている細かい柄とは、雰囲気も変わります。きものを装うとき不思議に思うのですが、無地場が多いとよそゆき度が上がるようです。手紡ぎの真綿糸のもつ力を最大限に活かした結城紬に、着れば着るほど、無意識ながら惹かれているのです。真綿紬でこれから来る真冬の寒さを乗り切っていきたいです。

友人に連れてきてもらい、美味しい飲み物でほっこり。冬場の結城は濃い藍地です。丸文に赤があって、クリスマスの近い12月向きかと思います。カフェ・ビストロ・オーボンモルソーにて。

千鶴好みの秋から冬の八掛遊び

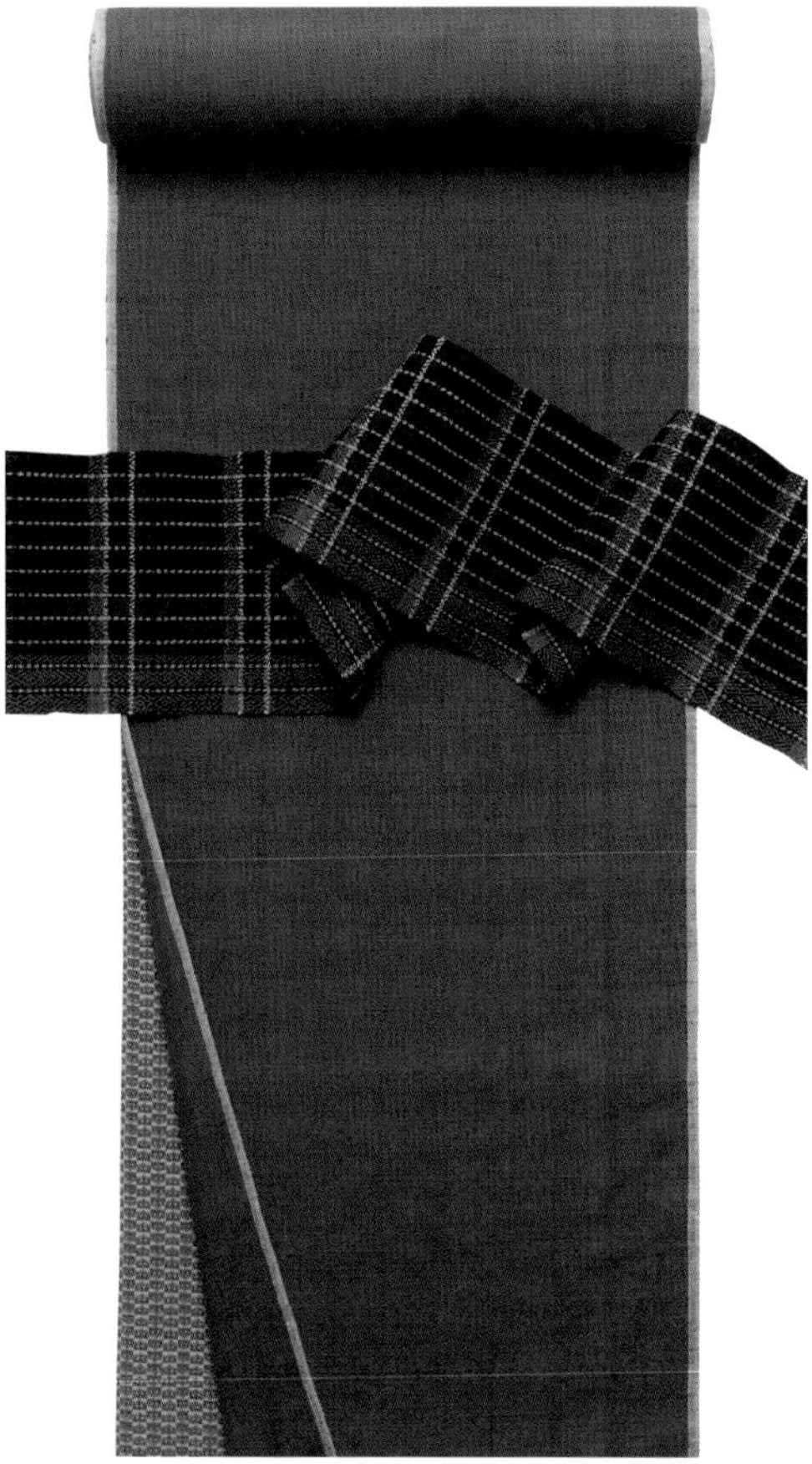

無地紬は帯と八掛で深まる秋の色遊びを

真綿糸使いのほっこりした味わいの隼人紬に、草木染ながら現代感覚あふれる半幅帯、小紋の八掛を合わせ、生き生きとした表情が生まれました。きもの／田園調布 秀や　帯（制作＝陽山めぐみ）／イトノサキ　八掛／桂商店

南国の草木で染めた絹紬の糸味を楽しんで

西表島の代表的な染料の紅露やヒルギを使用した亀田恭子作の紬は、未精練の手引き糸を混織しているため、さらっとした風合い。リバーシブル半幅帯で軽やかに。きもの・帯（制作＝布きれ・やました）／イトノサキ　八掛／桂商店

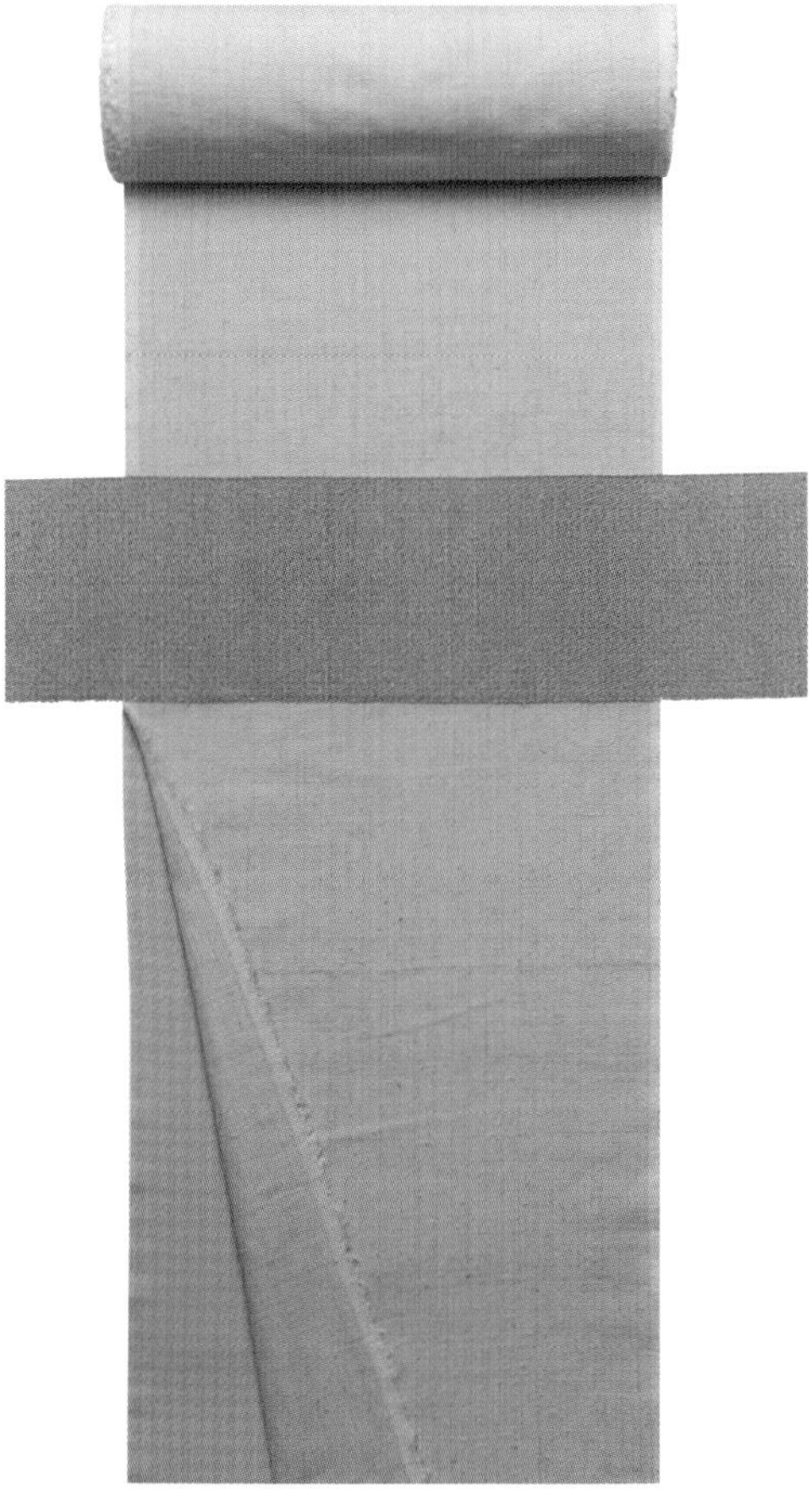

帯と八掛で
淡色紬にパンチを利かせて

信州飯田の廣瀬澄子作の紬は肌映りのいいニュアンスカラー。草木染の赤が美しい半幅帯と千鳥格子の八掛で、現代風にまとめました。きもの／田園調布 秀や　帯（制作＝布きれ・やました）／イトノサキ　八掛／桂商店

新年を迎えたら
白地紬で清々しさを

「やや乱れ格子」と名付けられた、すぎもと早苗作の絹紬は、節糸など数種の糸を使った風合いの面白いきもの。着込んだらいい味が出てきそう。縞崩し柄の半幅帯と合わせて。きもの・帯（制作＝Basso conti）／イトノサキ　八掛／桂商店

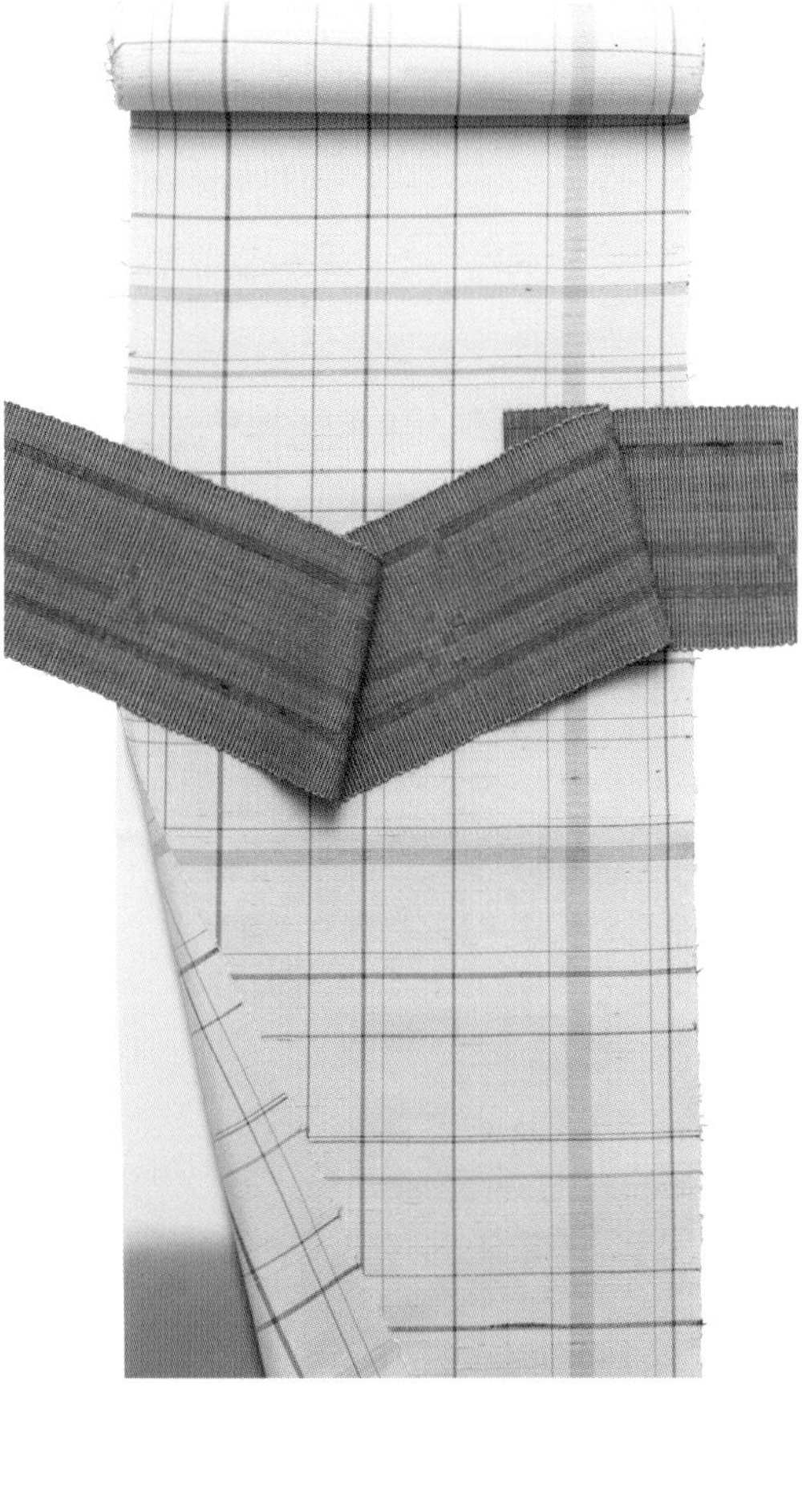

冬のおばんざい

私のぶり大根ストーリー。育った実家ではお正月前にぶりを一本買い求め、雪に埋めて保存していました。お刺身、照り焼き、味噌漬けと食べ進め、そしていよいよ骨だけになったそのアラと大根を甘辛くこっくりと煮るのが元々の私のぶり大根です。でもぶりのアラが手に入りにくくなった近頃は上品な薄味のぶり大根へと変化していきました。暮らしぶりに合わせて、柔軟に料理は変わっていって良いのだと思います。

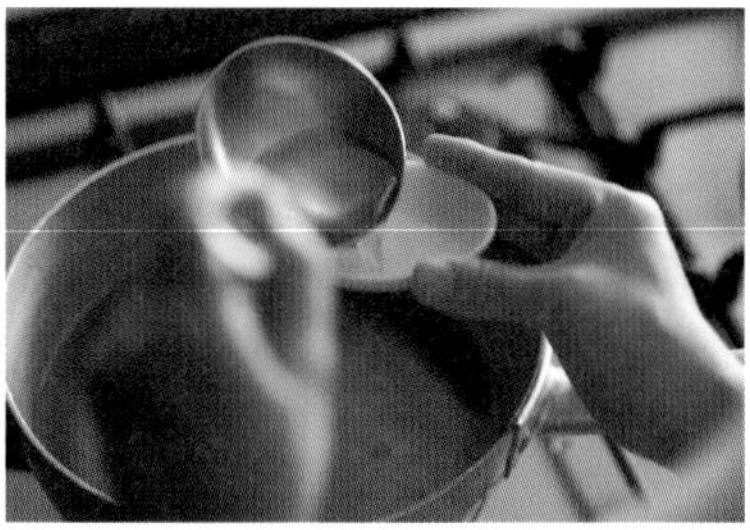

ぶり大根

〈材料３人分〉

ぶり（切り身）……３切れ（約200g）
塩……小さじ1/4
小麦粉……適量
大根……500g
Ⓐ
- だし汁……500ml
- うす口しょうゆ……大さじ1
- 塩……小さじ1/4

太白ごま油……小さじ２
青ねぎ（小口切り）……少々
柚子の皮……適宜

〈作り方〉

①ぶりの全体に塩をまぶし、冷蔵庫で10分間以上おいて出てきた水気を拭く。焼く直前に小麦粉をまぶす。
②大根は3cm幅の輪切りにして皮をむき、耐熱容器に入れ、水大さじ１～２（分量外）をふり、ふんわりとラップをして600Wの電子レンジに８分間ほどかけ、ザルにあげて水でサッと洗って水気をきる。
③鍋に②の大根とⒶを入れて中火にかけ、沸いたら、オーブンシートで落とし蓋をし、火を少し弱めて10～15分間ほど煮る。
④フライパンに太白ごま油を入れて中火にかけ、①のぶり入れて両面色よく焼く（蓋はしない）。
⑤③の落とし蓋を外し、④のぶりをのせ、５分間ほど煮て火を止める。煮汁ごと器に盛り、青ねぎをのせ、あれば柚子の皮を飾る。

カンカンの日差しのもと、麻の日傘は必需品ですが、お出かけには薄手の大判ストールを羽織ります。または持って出かけます。きものを汚れから守る塵除《ちりよ》け代わりになり、冷房の効いた室内では腰に掛けたりして冷え過ぎを防いでくれます。

　異常気象に振りまわされ、年々まことに暑い。普段の夏は長襦袢なしで、うそつき半襦袢と、裾除けだけ。汗をかいて汚れたら、きものをお風呂場で洗濯しています。洗うのはいつも着ている小千谷縮、木綿などの織物。お洒落着洗剤をよく溶かした水にきものを入れ、足でふみふみして汚れを落とします。次にきものハンガーにかけ、シャワーで洗剤を洗い流します。そしてそのままにして、洗濯は完了です。乾いたら縮を残すようにして軽くアイロンをかけます。

ここちよく暮らすための 暑さ対策

可愛い小花がたくさんに。ほのかに透ける軽やかな一枚

インドの高級絹物産地として知られるバラナシで手織りされた大判ストール。自然な白さ、細い糸で製織された上品な透け感が素敵です。約253㎝×約92㎝（フリンジ除く）　絹50％、綿50％
ストール／ユグド

スモーキーな色合いが夏衣に似合いそう

インドのジャイプールでプリントされたシルクコットンの薄手ストールです。植物をモチーフにしたデザインを大きな木版を使って手捺染しています。約240㎝×約116㎝　絹50％、綿50％
ストール／ユグド

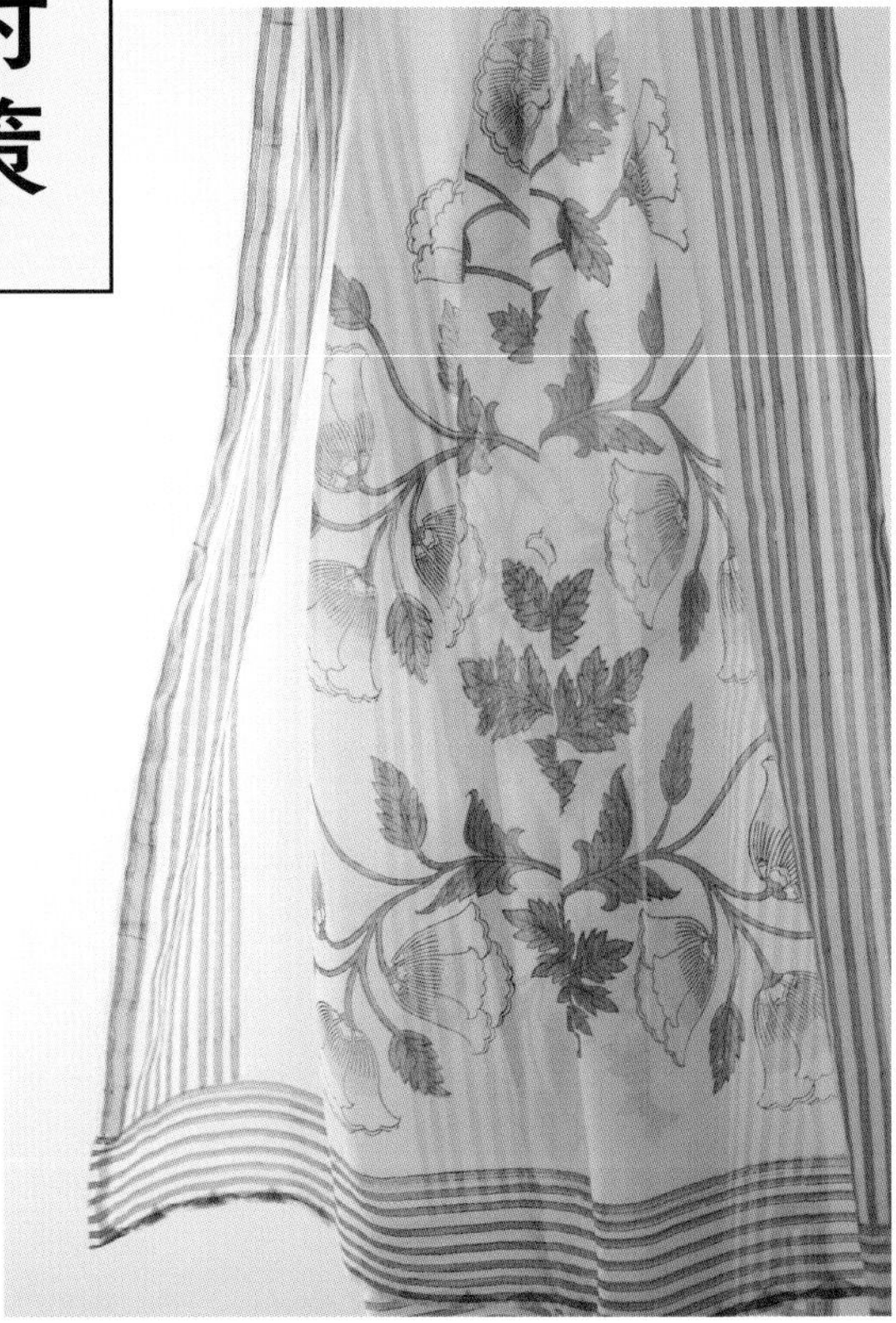

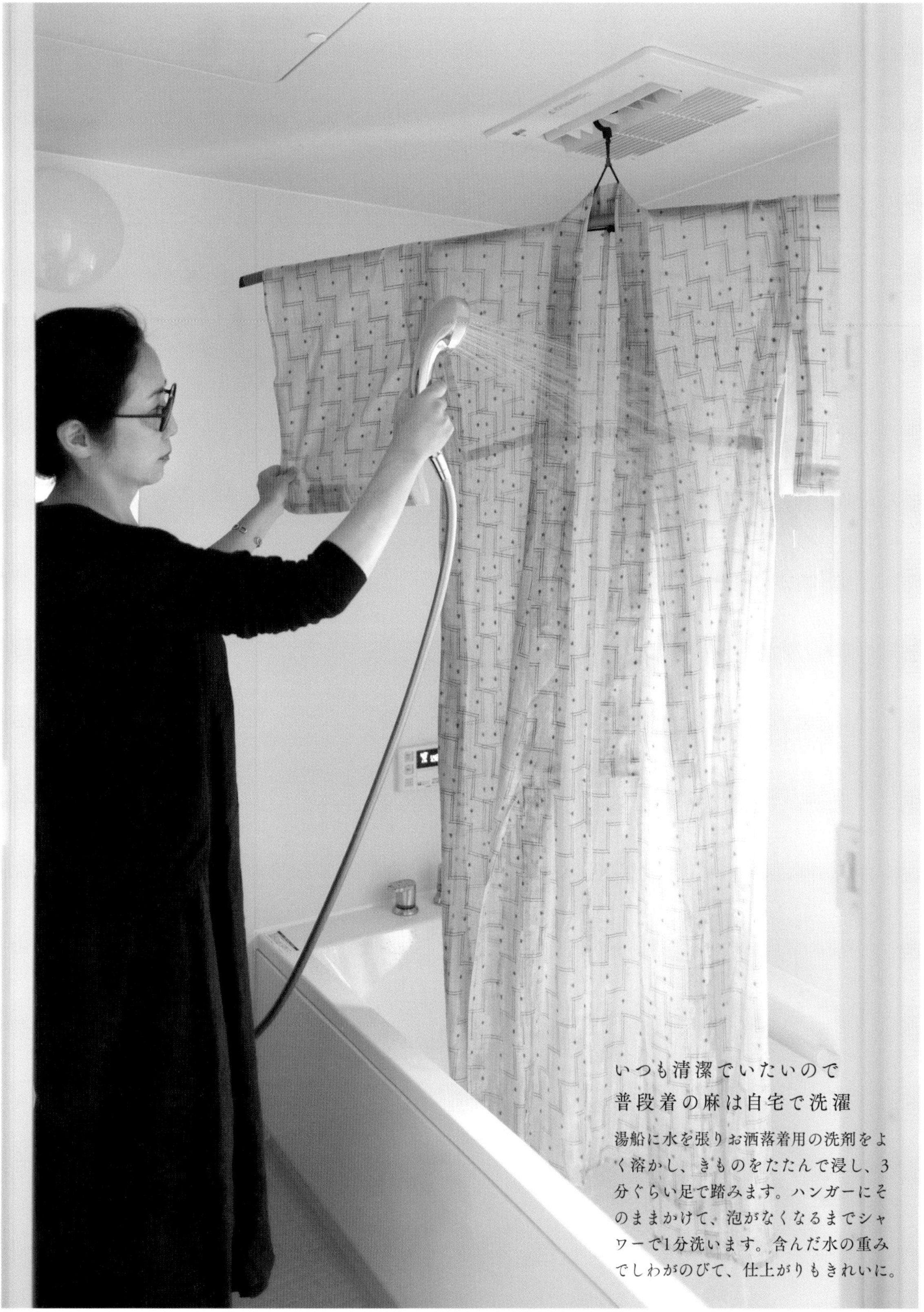

いつも清潔でいたいので
普段着の麻は自宅で洗濯

湯船に水を張りお洒落着用の洗剤をよく溶かし、きものをたたんで浸し、3分ぐらい足で踏みます。ハンガーにそのままかけて、泡がなくなるまでシャワーで1分洗います。含んだ水の重みでしわがのびて、仕上がりもきれいに。

ここちよく暮らすための寒さ対策

フィット感があって保温に優れた肌襦袢

軽くて伸縮性のある素材なので、ボディほか七分丈の袖口もフィットします。衿元は大きくあいているので、衣紋から見えることはないです。丈は帯ラインにおさまる短めです。本体・アクリル39.6％　ポリエステル32.1％　レーヨン25.2％　ポリウレタン3.1％、ＭＬ　ヒート＋ふぃっとシャツ／着物 だいやす

きものから見えない七分丈。浅めの股上で着脱が楽です

暖かいのに、蒸れにくく肌ざわりもよいことは肌襦袢と同じです。昔ながらのステテコとは違い、股上が短いデザインになっているので、帯を締めたままでも着脱しやすいです。本体素材は肌襦袢と同じ。ＭＬ　ヒート＋ふぃっとパンツ／着物 だいやす

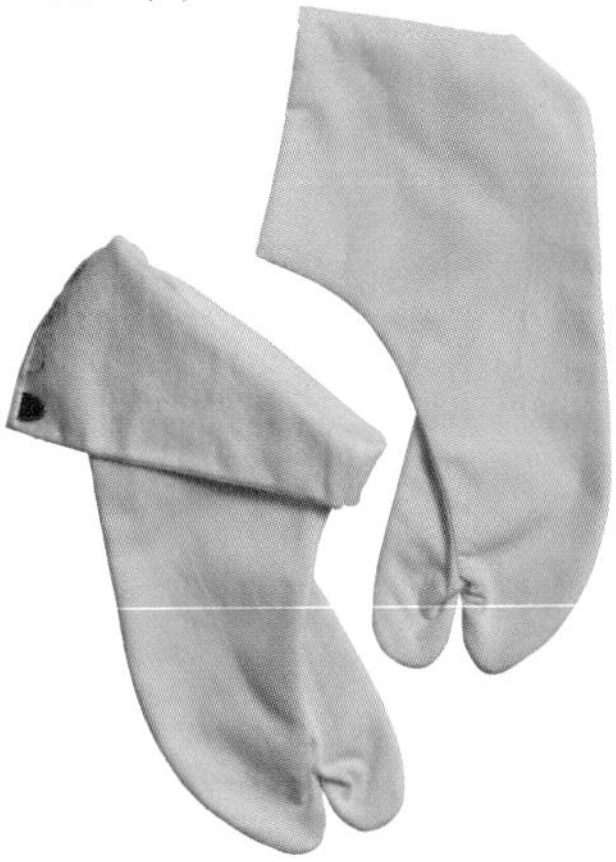

足袋は保温性のある裏ネルや綿入りを

冬場は裏にネルが使われている足袋を選びます。綿入りは正座するときの足の負担を和らげるために、甲部分に綿でクッションを作ります。綿入り足袋はネットで入手可能。裏ネル足袋22～24.5㎝／着物 だいやす

京都は盆地ですからね、慣れないと底冷えがしんどいかもしれません。もともと中心部から離れた、花脊《はなせ》で育ちましたから、あちらの冬と比べたら、市内は大したことないですが。たいそうな防寒対策はしてませんけど、私なりの冬支度をお伝えしますね。

一番大事なのは、下着かな。いまは種類も豊富に出回っているので、枚数を多く着るより、保温効果のあるものを見つけることです。行きつけのお店で見つけた東レソフトサーモ®を使った和装インナーがなかなか優れものなのです。もっさりしないで、フィット感もあるのです。足袋は裏ネルのものを。ほんまに寒いときはお気に入りの雨草履を履いて、少しでも暖かく過ごします。

編集にご協力いただいたお店

浅見㈱ Tel.075-354-6221
荒川㈱ Tel.075-341-2111
井澤屋 Tel.075-525-0130
一保堂茶舗 京都本店 Tel.075-211-4018
伊藤組紐店 Tel.075-221-1320
イトノサキ Tel.03-6721-1358
うるわし屋 Tel.075-212-0043
eiziya ZOU Tel.075-221-3655
(株)衿秀 Tel.075-221-8706
太田和(株) Tel.075-221-0543
桂商店 Tel.075-223-2266
カフェ・ビストロ・オーボンモルソー Tel.075-212-8851
祇園ない藤 Tel.075-541-7110
着物だいやす Tel.075-213-1113
きもの 円居 Tel.03-5623-9031
京ごふくゑり善 京都本店 Tel.075-221-1618
京ごふく おか善 Tel.075-211-5222
京・富小路 きねや Tel.075-221-2782
栗山工房 Tel.075-861-4203
呉服處 ばんその Tel.099-223-5298
山清堂 Tel.075-525-1470
仕立ての店 藤工房 Tel.075-212-0732
七ヶ浜 いなづま Tel.022-357-5121
千成堂着物店 Tel.044-750-9554
象彦 京都寺町本店 Tel.075-229-6625
染織吉田 http://www.someoriyoshida.com
染司よしおか 京都店 Tel.075-525-2580
田上惠美子 http://glassemiko.seesaa.net
玉川屋呉服店 Tel.03-3463-2527
長楽館 Tel.075-561-0001
田園調布 秀や Tel.03-6303-1050
(株)日本橋 成匠 Tel.03-5640-8568
日本橋高島屋S.C.本館 Tel.03-3211-4111
ノスタルジックガレージ 吉祥寺 Tel.0422-27-2888
花フジ Tel.075-231-0870
廣田紬(株) Tel.075-351-1414
ボタンの店エクラン Tel.075-254-5208
ポンナレット http://www.ponnalet.com
村上開新堂 Tel.075-231-1058
京野菜 八百廣 Tel.075-231-0247
ユグド Tel.075-204-7501
柳櫻園茶舗 Tel.075-231-3693
龍工房 Tel.03-3664-2031
ゑり萬 Tel.075-525-0529

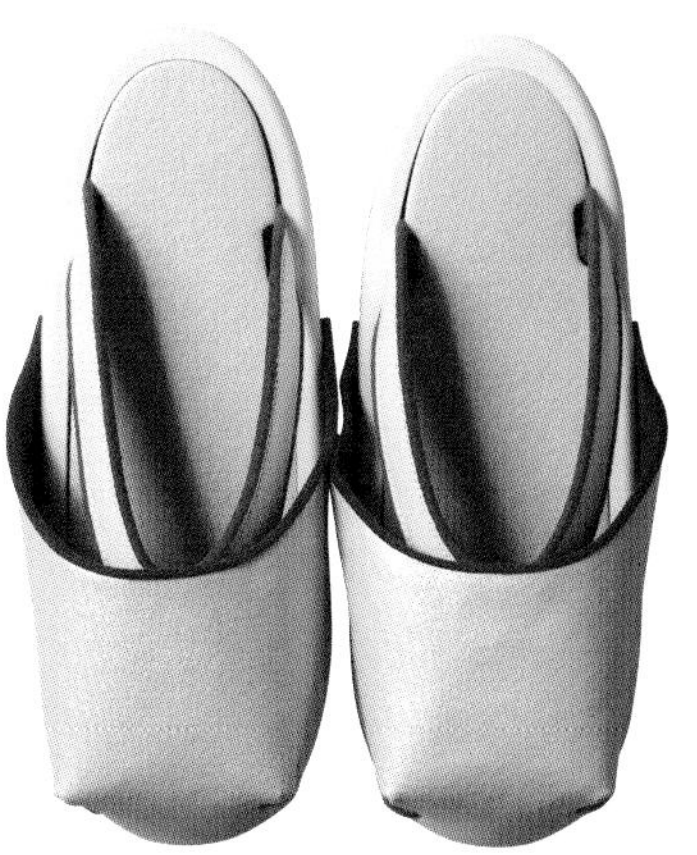

雨でも安心
オールゴム底の雨草履

丁寧な草履づくりで知られる老舗が、新たに現代向きに開発した、最初から底全体にゴムを用い、滑りにくい工夫をしています。写真は細雪OJOJO 雨草履／祇園 ない藤

お気に入り雨草履は
後から滑り止めゴム加工して

とっておきの雨草履は自分にあった台に、あとから底に雪や雨に耐えることのできる特殊なゴムを張って加工したもの。撥水加工した爪皮《つまかわ》つき。
雨草履／祇園 ない藤

あとがき

この本をお手に取っていただきありがとうございました。

私が着ているきものは、大体が織りの普段の物です。一つ一つのきものにも帯にも物語があって、お人から戴いたものものもたくさんあります。「もう着なくなったきものを着てもらえることが嬉しい」とおっしゃってくださるそのお気持ちに、きものへの深い愛を感じます。私はきものに袖を通すとき、料理をするときと同じように自然と自分が繋がっている事を感じます。季節を感じ、光を感じ、絹も麻も木綿も、素材の美しさ、作り手の鍛錬や人生。そういったもの全てが心を震わせる。そう思うからきものを着ると心が整うのです。少しキリッとしつつもルールに縛られず、自分にとって心地よい着こなしを目指していますが、いかがだったでしょう。京都にしては砕けたきもの暮らしですが、この本が皆様の「これで良かったんだ」に繋がっていけば幸甚です。

大原千鶴

著者　大原千鶴
撮影　森山雅智
ブックデザイン　吉村 亮、石井志歩（Yoshi-des.）
着付け　山﨑真紀
校正　株式会社円水社
企画・構成　両角明美
編集　佐藤千寿香（世界文化社）

内容は一部、きものSalonで連載した「大原千鶴の京都きもの暮らし」
（2017-18秋冬号から2023-24秋冬号まで）より抜粋しています。

大原千鶴の
京都きもの暮らし

発行日　2023年12月20日　初版第1刷発行

著者　大原千鶴
発行者　千葉由希子
発行　株式会社世界文化社
〒102-8187　東京都千代田区九段北4-2-29
03-3262-5117（編集部）
03-3262-5115（販売部）

DTP製作　株式会社明昌堂
印刷・製本　TOPPAN株式会社

ISBN 978-4-418-23432-5